浙江少年文学新星丛书·第六辑

海飞　主编

万物正生长

陈梓睿等　著

吉林文史出版社
JILINWENSHICHUBANSHE

图书在版编目（CIP）数据

万物正生长 / 陈梓睿等著. -- 长春：吉林文史出版社，2020.4（2022.2）

ISBN 978-7-5472-6778-3

Ⅰ．①万… Ⅱ．①陈… Ⅲ．①中国文学－当代文学－作品综合集 Ⅳ．①I217.1

中国版本图书馆 CIP 数据核字（2020）第 040501 号

万物正生长

WANWUZHENGSHENGZHANG

著　　者：陈梓睿等
责任编辑：柳永哲
封面设计：四川悟阅文化传播有限公司
出版发行：吉林文史出版社有限责任公司
地　　址：长春市净月区福祉大路 5788 号　　邮编：130118
电　　话：0431-81629363（总编室）　0431-81629372（发行科）
网　　址：www.jlws.com.cn
印　　刷：三河市嵩川印刷有限公司
经　　销：全国新华书店
开　　本：210mm×145mm　1/32
印　　张：6.75
字　　数：119 千字
版　　次：2020 年 4 月第 1 版　2022 年 2 月第 2 次印刷
定　　价：36.00 元
书　　号：ISBN 978-7-5472-6778-3

　　陈梓睿、陈梓萌、陈中奇、汤寅儿，四位小作者各取一字便成了"睿萌奇儿"组合。

　　梓睿是个小精灵，活泼好动，思维反应敏捷，脑袋里有许许多多的创意点子，写出来的文章别具一格；梓萌是个文静的大姐姐，喜欢静静地思考，特别喜欢哲学，她的文章意蕴深远，带着些许哲思意味，看到了别的同学看不到的更深处；中奇是个沉稳的男孩子，勤奋努力，成绩优异，是一名大学霸，他写文章的思路特别清晰，层次感强，写作速度快；寅儿是个大气的女孩子，聪慧可爱且有灵气，擅长叙事，细节挖掘有新意，常常带着一点儿幽默感，可读性很强。

　　四个孩子自小学习国学与写作，对文学创作充满了浓厚的兴趣，博览群书，经常沉浸于文字的世界里不能自拔，甚至已经立下了学习中文走文学创作的志向。

　　愿你们笔耕不辍，百尺竿头！

陈梓睿

11岁的狮子座男孩儿，天马行空古灵精怪，就读于绍兴塔山中心小学。习作5年用饱含真情的质朴文字记录美好的生活，描绘世界的光芒，先后20余次在全国作文大赛中获奖，多篇作品刊登在《小学生作文》《少年文学之星》《绍兴晚报》等杂志报纸上。文字柔软温情，擅长细腻描写，文风洒脱不乏可爱的狡黠，怀着乐观和积极的善意，把日复一日的寻常生活跃然纸上，酝酿一切有可能的文学突破。从小学习书法，练就了恒心和毅力，变得果敢和睿智，收获了浙江省中小学书法比赛二等奖，校书法比赛一等奖等。勤学英语，以期对话世界，在学校英语演讲比赛中获一等奖。还获得塔小最高荣誉博雅少年校长奖。

飞驰海边

习书

陶艺世界

读书

3

兰卡喂鸽

喀拉峻草原

山顶秘境

喀拉峻草原

喀拉峻草原

翁丁原始部落

6

赛里木湖

马语——独库公路

澳角渔村

印象喀什

库木塔格沙漠

8

书 法 作 品

临米芾《蜀素帖》

喀什老城

晚归

惠安女

睡着了的海滩

春风又绿江南岸

高地

陈梓萌

　　13岁，喜爱写作、阅读、国画、古筝等。性格娴静、平和，待人谦恭有礼。从小喜爱哲理类文章，创作时也不觉带上一点儿哲理味道。所写的文章多次刊登于校级、市级刊物。曾多次获得市级、国家级作文比赛大奖，2017年获得第十二届全国青少年冰心文学大赛金奖。多次获得校级各类先进称号，2017年获得绍兴市"书香少年"称号。一直相信创作源于热爱，灵感来自生活，本着热爱生活、积极上进的目标，努力实现自己的文学之梦。

2017年参加真人CS

2017年家中阅读

2017年绍兴科学兴趣班

2018年徒步登山

2018年写作课

2019年雪地徒步

2018年诗词大赛

2018年志愿者活动

2019年在绍兴大禹陵

2018年在青海湖

2019年绍兴水乡旅游

2018年徒步旅行

2017年国画作品

2018年国画作品1

2018年国画作品2

陈中奇

　　我是来自浙江绍兴鲁迅小学的陈中奇，我喜欢阅读，阅读为我打开了另一个色彩斑斓的丰富的世界，让我快乐无比。当我静下心来，捧起一本书时，便是我最开心的时候！我有许多兴趣爱好：书法，写作，国学，羽毛球。老师们赞扬我是一个德智体全面发展的新时代好少年，多次被学校评为免考生。

　　我热爱文学，文学像是一盏明灯，指引我归路；文学像是顶峰的高塔，令人望而生畏；文学像是一位名师为我指点迷津。如果说，知识就是力量，那么文学就是生命。如果每个人都有优点，我想我的优点就是专注。一丝不苟地做好每一件事，真诚热心地帮助他人也是一种幸福！

2017年我与书法　书法展

2017年我与书法

2019年在北京写书法

书法作品

海上生明月天涯共
此時情人怨遙夜竟
夕起相思滅燭憐光
滿披衣覺露滋不堪
盈手贈還寢夢佳期
唐張九齡詩陳中奇十一歲

心中有陽光腳下有力量為了理想能堅
持不懈怠才能創造無愧于時代的人生
陳中奇十二歲

不忘初心砥礪奮進方得始終以青春夢想用
實際行動為實現中國夢作出新的
更大貢獻陳中奇十歲

汤寅儿

　　江南水乡孕育的灵秀女孩儿，玲珑剔透，犹如雨后晴空，清澈明朗，多才多艺。文如其人，在她笔下流淌的文字温柔时如春日细雨润物无声；活泼时如风过竹林生机盎然；阳光时如寒冬暖阳温馨纯粹。她用文字描绘着有趣的世界，她用文字编织着七彩的梦！

2017年4月参加学校
国际象棋比赛获个人
第四名

2018年10月在府山公园

2018年7月爸爸教我骑自行车

绘画作品

2019年3月素描

内容简介

世界万物，毫厘之差，微妙所在，或云霞明灭之壮观美景，或虫鱼鸟兽之游走踪迹，或鸟雀风涛之动人曲调……这些生生不息的变化，正是我们写作的不竭源泉。

翻开这本散发着墨香的作品集，你会被如水般流淌的文字所吸引，你会被如碧空般澄澈的心灵所感动，你会被如阳光般灿烂的欢欣所感染。这些文字，是一首首温情的歌谣。校园生活精彩多姿，欢声笑语记录着成长的点点滴滴；四季轮回，时光变迁，旖旎美景尽收眼底；旅行所见，大自然让我们身心愉悦；读书观影，人生感悟在笔端汩汩流淌；童话幻想，编织着美妙的憧憬；家人、朋友、陌生人、小动物，我们在一起学习、玩耍，一切都洋溢着浓浓的爱……在童真的梦里，有朝霞，有微风，有花香，有雨露，有灿烂的笑靥，有淡淡的忧伤，更多的是积极的努力和丰硕的收获。

万物生长的声音，是生命拔节的声音，也是孩子们思想撞击发出的铿锵之声。

从这里出发，去读，去看，去写。

步履不停。与万物共生长。

目录
CONTENTS

陈梓睿

作文集

三年级作文

别了，白虎

那天，原是一个明朗的秋夜，屋内却传来一阵悲痛欲绝的哭喊。我看着身体弯曲，浮于水面的鱼，眼泪簌簌坠落。我最爱的白虎，它永远离开了，在这个悲伤的秋夜，我第一次感受到了离别的沉痛。

三年前，一个风和日丽的午后，天蓝得仿佛上了一层釉彩。我雀跃地把你带回家，因为你白白的身体上有虎的斑纹，所以给你取名为"白虎"。我把你轻轻放入盛满水的"新家"，说："你的新生活开始了！"你仿佛听懂了似的，眨巴了一下天真的小眼睛，冲着我摇起了尾巴。

每天放学回家，我都急急地扔下书包直奔鱼缸，你贴着缸壁望着我，摇晃着笨拙的小身体，跳起了欢快的迎宾舞，水面激起层层微波，激荡着心灵，开出幸福灿烂的花。你常常朝我嘟着嘴，仿佛在说："小主人，我饿了，快给我点儿吃的呗！"我愉快地抓起鱼食靠近你，你总是急切地跃出水面，迅速掠取我手中的鱼食，你滑溜溜的嘴唇触碰我的指尖，痒痒凉凉的感觉让我心头一暖，一种温暖的情谊在我们之间传递。

你，就这样陪伴了我三年，日子在幸福中飞逝，却在一个秋天的夜晚骤然停止。你的离去，让我伤心难过。三年的时光，我给你喂食，你给我乐趣，我一次次对你倾诉心里话，你仿佛听懂似的，总是绕着鱼缸一圈圈地游着。可是现在，你离我远去，我将与谁玩耍？和谁说心里话？我的眼泪止不住地往下掉……

我将你埋在屋顶的花园里，当盖上最后一把土时，与你相处的一幕幕在脑海中闪过，期望你能走进我的梦乡，一起重温那些属于我们的美好时光。

别了，我的白虎！

观荷记

伴着知了的鸣声，又迎来一个美好的夏。我可爱的妹妹 Amy 从南京来绍兴游玩，作为东道主的我，琢磨着要带她好好去领略一下绍兴别样的夏日景致。

"接天莲叶无穷碧，映日荷花别样红。"古城的夏有一观荷的好去处，定好了目的地，我要带 Amy 去看那一片十里荷塘，观赏碧绿的荷叶和出淤泥而不染、亭亭玉立的荷花。

正午的绍兴古城是安静的。炽热的太阳亲吻着大地，白天酷热的高温不方便出游，小导游把出行时间定在了傍晚。踏入景区，我开始像模像样地介绍起十里荷塘，妹妹听得很认真，简单介绍完景区，我们手拉手开始漫步荷塘。

傍晚，微风袭来，空气中弥漫着荷的清香。花儿舒展着它动人的娇姿，倒映一池碧水。一枝枝粉红，一盘盘碧绿，像是一幅绚丽无比的水彩画。这时，妹妹手指着天边，兴奋地叫起来："哥哥，你看，鸽子，是鸽子……"只见一只鸽子在荷叶间飞翔，在夕阳的余晖下，鸽子的白色羽毛被晕染上一层浅黄，在空中划过一道金光，向远处的荷叶飞去，我与妹妹连忙追随到它降落的地方，鸽子见了我们，调皮地飞向了更远的地方，只留下摇曳的荷叶和轻颤的花瓣，妹妹微叹口气开始欣赏起荷塘，红的红，绿的绿，在夕阳的映衬下显得格外美，在蜿蜒曲折的木桥上，还有许多拿着"长枪短炮"各式装备的摄影叔叔。

忽然空中响起一声响雷，大片的乌云倾轧下来，不一会儿便落下几滴扎实的雨点。"下雨了，下雨了……"我拉着妹妹快速地跑进观荷亭，雨越下越大，豆大的雨滴砸向荷花，砸落了几片花瓣，落在荷叶上的雨滴快速来回游走，坠落池塘泛起层层涟漪。妹妹说："哥哥，雨中的荷塘好美呀！"

一场大雨过后，大地顿时变得洁净，风儿也耐不住那份寂寥，纷纷跑了出来，把树叶吹得哗哗作响，我心中窃喜，看来这次的观荷行程很受妹妹喜欢。我第一回的导游工作圆满成功。

观龟记

七月的盛夏，持续的高温酷暑，楼顶的两只乌龟自然是待不下去了，于是我给它们搬了新家，将它们从楼上转移至干爽舒适的空调房内，嗬！新家好凉快呀。两只忍受了几天暴晒的小乌龟，自然要挑选一个在夏日里最豪华的地方——空调间。

搬了新家，可把两只乌龟高兴坏了，成天在清凉的水池中扑腾。我蹲在一边，看着两只已渐渐长大的乌龟，八卦大了不少，背上那些墨绿色的条纹上，沾着晶莹的水珠，透过窗户的光影熠熠发光。水缸中供它们睡觉的小凹槽，已容不下它那肥大的身躯，因此睡觉时，它不得不微微侧着身子。起来时，它的壳还常常卡在那儿，使了好半天劲儿，终于出来了。而另一只乌龟——斑马正在水池中游戏，见八卦即将爬出凹槽，便毫不犹疑地又将它"赶"了回去，看着这场有趣的驱赶赛，我忍不住"咯咯"地笑出了声。斑马撞回了八卦，扬扬得意地啃起了我的玩具，嘿嘿！看起来你是真饿了呀。

一粒粒散发着浓重的鱼腥味儿的食物投入水池，斑马发疯似的冲了过来，大口地啃着食物，将玩具弃在了一边，而另一只被卡住的八卦只能眼睁睁地望着食物越来越少，嘴里发出"呜呜"声。看着被夺食的八卦，我将食物送到了它的嘴边，八卦一闻到食物的味儿，拼了命地向前冲，脖子伸得足够3厘米长，可也只能咬到一丁点儿食物。"唉！真应该减肥了，这一餐你就少吃点儿吧。"我心想着，将它们从小池中拎了出来放到大池子中，可没多久，乌龟闻到食物的香气，又把自己卡到了凹槽中！

唉，贪吃的乌龟你真是不长记性啊！

爱在细微处

有一种爱，暖暖甜甜，它悄无声息地伴随着我们的成长；有一种爱，平凡细微，它渗透在我们生活的点点滴滴中；有一种爱，它像一阵柔和的春风，像一缕灿烂的阳光，总在不经意间温暖我们的心田。

记得有一次，妈妈抱着我走过一条正在修的泥泞路段，路面湿滑，为了保护好我，她重重地摔了一跤，妈妈本能地用手肘支撑了所有的重量，她的手臂擦破了很大的一块皮，血不断渗出。可她仿佛失去痛觉似的，只是不断焦急地询问："宝贝，你没事吧，有没有伤着……"我内心涌过一阵暖流。这就是母爱，平凡细微，温暖如春。

上学期，一连发了两次高烧，这可急坏了父母。每当夜幕降临，我的体温就急速升高，在40℃左右徘徊。爸爸妈妈整夜不合眼地照顾着我，他们不停地用冰水毛巾给我擦拭身体进行物理降温，隔一段时间就给我测量体温，整宿地忙碌着。清晨，当我睁开眼，看见他们满脸的倦容，爱像潺潺溪流，缓缓淌进我的心田。

爱是风雨中父亲呵护我的一把伞，他全身湿透却笑声朗朗；爱是我遇到挫折时妈妈给我的一句句鼓励："宝贝加油！你是最棒的！"它是我听过的世间最美的语言；爱是每个清晨，爸爸早起来给我烹制的爱心早餐；爱是每个寒冷的冬日，妈妈一遍遍地叮咛："到学校别脱外套，小心感冒。"

点点滴滴的感动来源于细微处朴实而温暖的真情，这份爱，在心底点点叠加、寸寸深陷。

听夏

转眼就夏天了，让我们静静聆听夏的声音……

"知了——知了——"的声响传遍小区，我缩在室内，吹着空调，享受着这大自然的多重奏。

"扑哧——"花，开了。马路这边的树枝挂满了鲜花，花瓣缓缓凋谢，为地面铺了一层花毯，踏上花毯，感受到的只是浓浓的夏的滋味。

"吱吱——"这是鸟儿欢唱的歌声，听着歌声，踏着花毯，看着鸟儿高高翱翔于天空，听见的只是浓浓的夏的声音。

"吱吱——吱吱——"这是虫儿迎夏的声音，听着虫响，闻着歌声，踏着花毯，感受到的只是浓浓的夏的滋味。

"呱呱——"这是青蛙欢叫的声音，它们在池塘内欢快地跳着，"扑通——扑通——"激起一团团晶亮的水花。我们端坐在河边，一面欣赏着青蛙傻乎乎的表演，一面享受着自己带来的美食。看着鱼儿在水里游泳，漾起丝丝波纹，听着那鸟儿叽叽地欢叫，优美的旋律在山谷内回荡。捡起知了壳，带回家中作为一件精致的工艺品。闻着浓郁的花香，心中无比舒畅。这种夏的滋味，多么美妙！

一场轰轰烈烈的"演奏"结束了，乌云散了，呈现在人们面前的是一幅美丽的图画：树木上的叶子比以前更加翠绿了，天空比以前更蓝了，远看青山中间还有一条一条白色的带子，那是雷雨创造的瀑布。街巷里的空气也更加清新了，就像过滤过了一样。这时，天边挂着一道美丽的彩虹。

我爱这夏，这美丽而生机勃勃的夏！

菊

艳红的牡丹雍容华贵，洁白的昙花娇艳多姿，淡雅的荷花出淤泥而不染，但，我最喜欢的花还是那在秋风中傲然挺立的菊。

站在远处眺望，美丽的菊花顿时合为一体，五彩斑斓，仿佛进入了仙境一般。

凑近菊花，闻闻它，一股芬芳的清香略带苦味，徘徊在鼻腔，让人心醉。

碧绿的叶片向四面展开，在花盘内簇拥着，挤来挤去。翠绿的茎衬托着花与叶，摸摸它，有点粗糙，在秋风的吹拂下不停地鞠躬。

花的形状千奇古怪，有的像个圆圆的饭团，跟球一样；有的花瓣呈条形，向四面舒展，还有的花瓣又圆又大，芬芳迷人……花的样子，就算说上三天三夜也说不完。

菊花除了可以观赏，还有很高的药用价值，如可以泡茶，清心明目，还可以清热解毒等。

菊花，可以在凛冽的寒风中绽放，可很多花，还没有等秋风起，早就夭折了。人也一样，有些人会敢于面对挫折，而有些人，却被小小的挫折打败了。我们的生命，因挫折而美丽，因挫折而闪耀，因挫折而愈发绽放出迷人的光芒，就像那质朴低调的菊花。

假如我是一粒种子

假如我是一粒种子，我会攀上柳树，微风拂来，我随风舞动，飘过公园，飘过池塘。风儿轻轻地吹，我也轻轻地飞，随风观赏着世界，领略大自然的美好。

假如我是一粒种子，我会跃入浩瀚的海洋，长成一束足智多谋的海草，引领着姿态各异的海鱼，攻破人类的渔网，让它们不被捕捉，自由地徜徉在海洋里。我还要为迷路的航船指引方向，帮助它们顺利返航。

假如我是一粒种子，我会钻入石缝。在坚硬而又荒凉的缝里，我竭尽全力地往下钻。忽然，我觉得一阵凉意袭来，我吮吸着水分，冲破层层阻碍，开出了最美的花。

　　假如我是一粒种子，我会潜入沙滩，长成一棵英姿飒爽的椰子树，感受阳光的爱抚，享受海风的吹拂，成为蔚蓝广阔海边的一道风景。我要把空气中的废气吸掉，释放出新鲜的氧气，让大家远离雾霾，自由呼吸。当大家玩累的时候，还可以摘下我的果实细细品尝。

　　假如我是一粒种子，我会跳入荷塘，长出碧绿无瑕的荷叶。晶莹剔透的水滴，在我绿色的脸庞上滑来滑去。等我开出娇艳欲滴的花朵，沁人心脾的花香充盈着荷塘。路边的行人，拿起手机把我最美的容颜永远留在画面里。

　　假如我是一粒种子，一粒自由的种子，一粒智慧的种子，一粒顽强的种子，一粒善良的种子……

　　假如我是一粒种子。

四年级作文

蚕变

　　山上的树叶凋了又长，窗口的小草黄了又绿，小区中的小狗生了又死……大自然的变化一切都显得如此规律。然而，大自然的变化，却可以教会我们一些人生的道理……

　　春天，万物复苏，卵中的幼蚕钻了出来，它们在危机四伏的大自然中顽强地生存着。终于有一天，它们长大了，要自己吐丝结茧。它们将在这个茧中度过约15天，不吃也不喝。有一部分的茧可能再也不会变成蛾子了，可另一部分却在大自然中存活了下来，最终变成了一只只自由自在的飞蛾。这可都是蚕用自己的努力，而获得的美好结果。

　　在我们的生活中，或许会遇到不少挫折。这时，你若勇敢地跨过它们，才可以获得光辉的成就。生活或许也是一场冰寒的秋雨，曾无知地雀跃其中，也曾欢欣地低声吟唱，但大多时候，你总要忍受那些潮湿和阴冷，那份无奈和伤感。是呀，人生总不可能永远是一帆风顺的，总会有各种各样的挫折，遇到了它们，不可以灰心。要相信，挫折只是一块通向成功的垫脚石。风雨过后，总会有美丽绚烂的彩虹。

蚕，就是这样，在克服种种艰难后，变成飞于天空的，自由自在的精灵。

蚕，你在变化中，那份坚持的勇气，与恶劣环境抗争的坚强意志，以及最后自由翱翔的浪漫，令我敬佩，也值得我学习！

开在心间的花

我喜欢花，清冷的菊，明艳的牡丹，素洁的百合，温婉的莲……除了叫得出名字的花，我还喜欢开在山间小路上的无名花，它们朴实无华，有扇形、星形、椭圆形，带着独有的魅力绽放于世界的每一个角落。

有种花开在人们脸上，擦肩而过嫣然浅笑一声"你好"便绽放出优美的弧度，传递着真诚和暖意，原来世界如此美好。

我喜欢开在心间的花，没有灿若红霞的容颜却带着典雅的芬芳，深深暖暖地在人们的心田流动，无言中教会我们爱的真谛。

2018年5月14日，重庆飞往拉萨的航班由于风挡玻璃

万物正生长

WAN WU ZHENG SHENG ZHANG

毫无预警地碎裂，两位英雄机长用惊人的毅力和智慧让全机人员化险为夷。在9000米的高空飞行，驾驶舱内零下50℃的恶劣环境，每秒250米的直面风，凭借着经验技术和过人的胆识，在自动仪器几乎完全失灵的情况下完成了这个不可能的任务。是怎样的精神支撑着他们，在如此险象环生的灾难面前沉着自如地完成高难度的迫降？没有神力，没有铠甲，有的只是作为一名飞行员强烈的责任感。他们心系机上乘客的安危，咬紧牙关，渡过了这个关口，让无数个家庭续写美满幸福的篇章。当看到副驾驶员如碎片般的制服时，我的心被深深触动了，敬佩之心油然而起。白色的制服撑起了生的希望，两位机长用勇气和热血铸就了爱的长城。

在心灵深处开一朵小花，每一片花瓣温润着爱的芬芳，用缤纷的色彩明媚着世界，用香醇的气息温暖着他人。

善行之花绽放心间，永不凋零！

边疆游小散文

一

经过7小时的长途跋涉，我们终于抵达了赛里木湖。

刚下车，便见到了湖。我从未见过如此蓝的湖，它就像一颗镶嵌在群山之中的蓝宝石。我兴奋地冲向湖边，看见前方的山脊上，汩汩清泉从雪块上缓缓流淌至湖中；我站在碎岩上，看水浪冲击岩石，扬起的水花在夕阳的映衬下闪闪发光。此刻，湖的西边下起了小雨，往东看，半透明的彩虹浮现在乌云之中，淡褐色、黄色、微红，若隐若现。我从未见过如此美丽的彩虹，内心雀跃不已。忽然，乌云封锁了阳光，豆大的雨点砸了下来，我急忙钻进车里，车缓缓沿着湖边行驶，不知多久，乌云打开了一道缝隙，阳光冲了出来，映红了整个湖面，折射着动人的光芒。

二

我们的车开进了昭苏城，走进紫苏花田，心情格外舒畅。

绵延不断的紫苏花随风摇曳，风中萦绕着紫苏浓郁醇厚的气息，不带一丝香甜却很安神。在紫苏花田内，透过浓密的花，我隐约看见蜜蜂在花丛中飞舞。微风拂来，万亩紫苏瞬间弯下了腰；风过后，紫苏又恢复了原先的挺拔，一切是那么美好。

穿过紫苏花田，便是油菜花田，漫山遍野的油菜花闪耀着璀璨的明黄，开至荼蘼，开在心间。远处绿得透不过气的草甸子上生长着不知名的小花，红、黄、蓝、紫，格外缤纷，浩瀚无边的麦浪翻腾着金波，在午后通透阳光的晕染下显得丰富迷离，犹如色彩缤纷的欧式油画。

高原小城昭苏让人沉醉于它丰富的色彩与光影中，满足了跋山涉水而来的人所有的想象。

水仙

"岁华摇落物萧然，一种清风绝可怜。"这是宋代诗人刘克庄称颂水仙的一句名诗。

水仙，花呈六角形，在六瓣花瓣中间，冒出了一个橙红、圆形的花瓣，在这花瓣中央，冒出三根细且长的花蕊，散发出淡雅的清香，如同一缕青烟飘散在教室的各个角落。在花托的下方，还有一个隆起的小苞，每一根茎都在小苞的下方弯折，一片片花瓣异常柔软，非常轻薄，在寒风中傲然挺立，显得别有生机。

因花性好水，故名水仙。水仙在水中可以自由地生长。

水仙，茎呈圆柱体，从底部的块茎冒出，约莫延伸30~60厘米，就鼓起了小苞。在小苞底部弯折，弯折的一端连接着花托，一整条茎从底部到小苞都是直挺挺的，站在寒风里显得异常坚强。

水仙，块茎成卵形，象牙白的茎像大蒜一样，一共有五六个拥抱在一起，浸泡在水中，体长5~7厘米，较硬，外表比较粗糙，就这样卧于冰凉的水中，显得格外倔强。水仙鳞茎多液汁，有毒，因为其中含有石蒜碱，若误食会引起腹痛、腹泻。

水仙的茎具有较高的医用价值，将茎鼓捣成烂泥后可外敷治疗丹毒疔疮，医疗上可做外科镇痛剂。水仙的花在室内可起到清新空气的作用，还可用于制作香氛。

水仙的茎和花、叶看起来虽柔弱，但在冬天凛冽的寒风中，康乃馨花叶扶疏，兰花也已失去神采，只有水仙还亭亭玉立。

曲院风荷随想

　　杨柳依依，花影摇曳，正是一年春好时。漫步于曲院风荷中，看着欣欣向荣的景象，心中无比畅快。

　　苏堤两岸，只是无尽的绿、红、黄、蓝、粉交织在一起的花，开得如此耀眼。一朵朵娇嫩的鲜花，在自己生命中最美好的春天敞开心扉，向过路的游客们笑着，向春天笑着，更是在向自己笑着。

　　几朵桃花，被风轻轻摇了下来，依依不舍地离开了树枝，盘旋，轻坠……令人不禁感叹生命的脆弱、时光的无情。

　　又看到几片花瓣下坠，在与最美好的春天挥手告别，我的心里不由得咯噔一下子：我是否珍惜过自己的青春？或许，每个人对青春无限的期许到了最后都会化为泡影；或许，绝大多数人都没有珍惜自己如春天般美好的时光，他们总是殷切盼望着自己的春天，然而到了最后，又有何用呢？能够珍惜自己生命中的春天的人往往能成为生活的胜利者，当你羡慕别人时，你有没有想过自己是否珍惜过如春天般美好的时光？你是否实现了那些美好的期许？还是看着它们化为了泡影？别等到失去了才后悔！

青春

说来就来

说走就走

你在此期间努力、发奋

往往上天也从不亏待你

数十年后

当你回望

时光隧道的那头

站着一个

一直努力、奋斗的

无悔少年!

轮回

或许,人的一生就是个轮回,你永远都走不出这个轮回。

你离开了妈妈的肚子,来到这个世界,同时,你的人生旅途也开始了。你从一个牙牙学语的婴儿长成了天真无邪的儿童，又从儿童长成风华正茂的青少年，再由青年变为成熟稳重的中年人，然后会慢慢衰老，成为乐天知命的老年人，最后，你终将离开这个世界。

这些迹象表明，我们或许永远都走不出这个圆，永恒地在其中循环。但是，不一定每个人都会被困在这个圆中，有些人可以突破这个圆，活出自我的精彩。

如果你仔细观察这个圆，会发现许多容易突破的地方，比尔·盖茨或许就是发现了这些奥秘，抓住了机会，努力攻破那些易突破的地方，从而突破了这个圆，活出了属于他自己的精彩。

你的一生中，或许已经有一些精彩瞬间从指缝间溜走了。但是没关系，只要用心观察，这个轮回，其实很简单，只要你抓住了机会，就一定可以成功走出这个圆，看到外面精彩的世界，不再被限制于这个圆中，你的生活就可以自由自在，也一定可以活出属于自己的精彩！

人的一生，真的是个轮回，若你想走出这个轮回，那么，前进吧，少年，活出自己的精彩吧！扬起自信的风帆，让生命之舟远航！

冬雪

飘飘然，随之无声落地，这是冬雪独有的韵味。

清晨六点，我睡眼蒙胧地起床，洗漱完毕，踱至窗前，拉开窗帘，本是乌云密布的天空忽而雪骤。顷刻间，天地茫茫，大雪纷纷扬扬，从天空缓缓坠下，雪花在空中飞舞旋转，悠悠地、慢慢地、轻轻地触地，没有一点儿声响。我合拢窗子，在漫天雪花中满心欢喜地赶往学校。

放学归来，我牵着奶奶的手，走在回家的小路上，小路上已铺着较厚的一层雪毯，一脚踩下去尤为舒服，听着脚下的"嘎吱"声，这独特优美的旋律一路与我相随。忽然一个雪球扑面而来，砸在我脸上，抬头一看，原来是爸爸，我生气了，松开奶奶的手，一把抓起健身器材上面的雪，捏了一个巴掌大的雪球，瞄准爸爸的腰部，投掷了过去。爸爸一弯腰，妄想躲过雪球，可那雪球像长眼睛似的，不偏不倚地砸在爸爸的脸上，碎雪散落于爸爸的衣裤上，弄得他浑身都是。不知不觉间，屋檐下已布满雪球，静寂的半空中回荡着父子俩欢快的笑声……

"吃晚饭喽！快上来呀！"楼上传来奶奶的喊声，我和爸爸早就饿得前胸贴后背了，于是飞快地冲上楼，奶奶满

是慈爱的眼神望向我们两个"雪人"，嘴角的皱纹渐渐地舒展开来。

父亲吃饭时问我："是否喜爱冬雪？"我笑了，点点头指向窗外，地上已留下我与父亲的斑斑足迹和欢声笑语……

一个菱角的前世今生

我是一个菱角，沉睡在沼泽的水面上。忽然，我被一个采菱角的姑娘捞了出来。

我被她装在篮子里，同其他兄弟一起被带到了小姑娘的家中。

不知怎么的，小姑娘进门时被门槛绊了一跤，我与兄弟们洒落在地上，我顺势打了个滚，落入了小溪中。

我已经失去了生的希望，弥留之际，急流已将我冲入一条大江。

当我醒来后，发现自己的兄弟姐妹全不见了，只留下我最好的朋友。它对我说："放弃吧！我们绝对不可能活下去，听我的吧！还不如早些结束自己的痛苦。"说着，它跳上了干涸的河岸，死了。

我被强大的求生欲望驱赶着，朝家的方向漂去。

已经过了三天三夜，我还未到家。破晓时，我突然被一张渔网抓走了。我来到了渔船上，在渔网中与鱼儿们挤在一起。

我刚好被扔在一条大比目鱼身上，那条比目鱼愉快地同我聊了一番，它知道了我的家在哪儿，知道了我即将死亡，也知道了我是如何来到这儿的。比目鱼对我说："我也快死了，人们都想用我来做鲜美的鱼汤呢！看在你如此坚强的分儿上，我就送你回家吧！"它猛地一跳，跳出了渔船，我骑在它的背上，比目鱼的速度真快啊！过了约莫四小时，我们就回到了浅溪旁。

正当我要同比目鱼道别时，一条大渔船开了过来，将我与比目鱼掀到水里。

我从水底探出脑袋，发现自己正在家中，身边换了一群小伙伴。

回家的感觉，真好！

忘不了秋日里第一片落叶

入秋后，天气渐冷，如我的心情一般凄凉，自从得知成绩后，我心里一直忐忑不安，想起了父母那失望的眼神，我的内心无法平静，大脑一片空白，握着钢笔的手都出汗了，也未觉察。

刚将思绪转至作业，便放学了，空气中似乎有些闷，但仍然晴空万里。我不觉之中掉了队，只得一路小跑向前。

我拖着沉重的脚步踱着，脑中不断闪现着回家后的场景，越走越慢，不知不觉中，我竟走上了罗门公园的桥，反正没考好，回家也没意思。我坐在了桥栏杆上，只是看了一会儿落叶，便觉得时光匆匆。火红的太阳已烧亮了空中的云，于云缝间投射至湖面，一时湖光潋滟。

忽地起了风，吹皱了我手中紧握的试卷，湖上的波纹又起得高了些，太阳及云影被揉碎在湖中，渐黄的柳条拍打着一池秋水，忽然——

一片落叶坠至手心，我将它拾至眼前。

那是一片泛黄的红叶，应该是枫树的，它那柔软的锯齿，在我的指尖轻轻滑动，我猛地醒悟过来：

叶为何坠落？是为了下一次的重生；人为何失败？也是在为下一次的成功做铺垫！那一张已被风吹落于地面的试卷，又被我重拾于手间，那鲜红的分数，在我的心中深深刻下一个红印，我挪动脚步，朝着成功的方向走去！

乡村即景

喜欢许巍的一首歌中的歌词："生活不止眼前的苟且，还有诗和远方的田野……"那么远方的田野在哪呢？离开喧闹的城市去静谧的东澄古村看一看吧！

山上碧绿的树投下了一片浓荫，阳光穿过碧叶投射到路面上，沿着小路向前踱步，既不燥热，也不冷清，让人感觉凉爽舒适。小路盘山而上，路的一侧是山壁，一侧是无尽的原野。原野上虽然油菜花已经变得稀稀拉拉，但是长长的金黄的豆荚依然给人一种独特的视觉享受，这就是风味独特的乡村景致。

远处的半山腰上，一个村庄筑在其间。白墙黑瓦，既华丽又简朴，好似布达拉宫。另一侧的山壁上隐约可见有一条小溪，溪水拍打着岩石，溅出一朵朵晶莹的水花，当溪流变窄时，瞬间加快的流速使小溪迸发出一个个小浪花，冲刷着河沿上挂下来的野草莓。

我轻轻地弯下腰，摘下一颗浸在水中的野草莓，放入口中，嘴巴一开一合间一股清甜的滋味，从舌尖渗入身体深处。

因为时间有限，我们没有继续进入古村的深处，有些

遗憾。又一颗晶莹的水珠溅到我的脸上，缓缓流下，融合了嘴角的草莓汁，融合了金黄的油菜，融合了古朴的村庄，融合了乡村独有的风景。

我爱这远方的田野，我爱这美丽的乡村即景。

大岞的海

闲时漫步于海滩，大岞之美尽收眼底。

观赏过汹涌的海潮，游玩过清波荡漾的西湖，却从未见过大岞这般的海！

大岞的海真猛啊！一个个急浪冲击着沙滩，卷起了无数的细沙，每一朵浪花都好似生命力顽强的精灵，澎湃呼啸而来，轻轻一触便摧毁了我在沙滩上辛苦建起的"堡垒"。大岞的海真蓝啊！蓝得胜过广阔的天空，幽幽散发着蓝宝石的光泽。大岞的海真清啊！清得像面镜子，能瞅见被海水淹没的沙滩。大岞的海真奇呀！在蓝色之中还透着淡淡的绿，海水渐渐上涨，一个浪接一个浪地拍打着沙滩，仿佛技艺超群的钢琴家在弹奏着欢欣美妙的乐曲。

大岞沙滩上的沙子干燥绵细，抓起一把看它悄悄从指缝间溜走，轻柔又调皮，这么轻盈的沙子我能毫不费力地提起一大桶。像这样具备干、轻、柔这三个特点的沙子我在别处还从未见过，一阵微风拂过，扬起的沙尘覆盖了原先的脚印。

沙滩上，有一座天然形成的石桥，桥上覆盖着盐碱。大概是涨潮时潮水会涌上来，几只海鸥落在石桥的前端，突然又飞起朝着落日的方向飞去。

清澈的海水持续拍打着我堆的沙堡，冲入我挖的沟渠，海岸上勤劳的惠安女，此时正站在礁石边撒网捕鱼。

轻风又将海滩上的沙子轻轻吹起，飞舞盘旋，礁石上站着一只只灰黑色的海鸥，夕阳的余晖抛洒在海鸥和惠安女身上，在海滩上形成一道独有的风景。

浮光跃金，静影沉璧，波光粼粼的大海在夕阳照射下闪着斑驳的金，海风轻拂，海浪轻摇。我爱这如诗如画大岞的海！

最珍贵的爱

——观《寻梦环游记》有感

世上有一种爱，广博无私、默默付出。它既动人心弦又感人至深。

——题记

　　晚上我和父母一起观看了期待已久的电影《寻梦环游记》，整部电影围绕着男主公米格及他的家人展开。米格是一个痴迷音乐的小男孩儿，他无比渴望证明自己的音乐才能，却因为一系列怪事，来到了五彩斑斓又光怪陆离的神秘世界。在那里，米格遇见了魅力十足的落魄乐手埃克托，他们一起踏上了探寻米格家族不为人知的往事的奇妙之旅，并开启了一段震撼心灵、永生难忘的爱的旅程。

　　橘色的万寿菊搭建起一座座沟通人鬼世界的桥梁。活着的人们用它来为亡灵指路，即使看不见亡灵的存在，他们也依旧相信那些故去的家人会一直陪伴在自己身边。而逝去的亡灵每逢亡灵节就一定要回到故乡、回到家园、回到亲人身边，即使不被看到，也要默默守候。当现实中人的感恩诚心与已逝之人的爱之执念同框的时候，那种由亲情羁绊所带来的独有感动，令人动容。毕竟，谁没有亲人呢？

　　这是最让人揪心的时刻也是潸然泪下的时刻。其实最美好的不就是亲情吗？埃克托最辉煌的成就之路，他毅然选择回到女儿身边，做那最长情的告白，陪伴家人。尽管这样可能没人会知道他的音乐才华，但他却用自己的方式诠释了心中的音乐梦想。

　　"请记住我，虽然再见必须说，请记住我。"当影片中埃克托唱起那首《请记住我》，那段歌声与德拉库斯的演绎完全不同，没有绚丽的编曲，这是一首父亲唱给女儿的歌，吉他缓缓弹奏，表达很久以前，一位父亲对女儿的爱与歉意。影片临近结尾，当可可在歌声中缓缓打起节奏，跟着轻轻唱起那首歌，白发苍苍满脸皱纹的老妇人，像个小女孩儿一样，又想起了爸爸，想起了爸爸的歌声、爸爸寄来的信，还有那张妈妈撕下的爸爸的照片——她藏了一辈子，想了一辈子，等了一辈子。在《请记住我》的歌声里她激动地留下了两行泪。她一直记得那个旋律，那是小时候爸爸一遍遍唱给她听的爱的旋律……因为她发自内心地想要记住，也想要被记住，知道自己有所爱、所关心的那些人，也知道自己同时被人爱着和关心着。亲人救助亲人、亲人惦记、牵挂亲人以及亲人之间的理解和包容，都在这个画面中得到绽放。

生活中，即使亲人之间产生了矛盾，也一定会因为那心底的爱而化解，变成在万寿菊桥上的牵手，变成用菊花瓣完成的没有任何附加条件的祝福，变成在危难时刻那肩并肩的坚守与无言的默契。这种深沉质朴的爱跨越时空，深深震撼了我，让我明白世上最珍贵的爱便是——亲情。

你的价值

我在一望无垠的草地上玩耍，看见一只蝴蝶落在一朵花上，悠闲地吃着花蜜，六条小短腿不停地摆动，可爱极了！这时，蝴蝶翅上的斑点引起了我的注意，想抓住它好好端详端详。

我大气不敢喘，缓慢地朝前移动，就在即将抓住蝴蝶的那一刻，蝴蝶扇动双翅，六条腿用力一蹬，离开了花儿，结果一头撞在我将要合拢的手指上，我急忙拈住了它的翅尖，蝴蝶铆足了劲儿扑腾，但无济于事。我不禁有些得意，转过身，向父母展示我的"成就"去了。

忽然，我感觉有什么东西在手中用力地乱撞，低头一看，发现蝴蝶已消失，我一怔，或许，这只蝴蝶的价值并不只在于供人观赏，它应该去做更有价值的事，传粉或是生儿育女。尽管我在一瞬间差点抓住了它，可它并不甘心束手就擒，它奋勇挣脱只为可以继续实现生命的价值。蝴蝶竭尽全力地完成了这次逃脱，它为自我价值的延续做了努力，它对自己负了责。

我们人也一样，有权利去实现自己的人生价值。你的成功与失败，只在于你是否为实现自己的人生价值付出了努力，当你老了，回望过去，会看见自己生命的那头站着一个曾经努力奋斗的人。

许久，我才回过神来，发现自己怔怔地望着蝴蝶远去的方向。

难忘的小队活动

"集匠心，美造物"活动是我成长记忆里最特别的一次小队活动。有书画的匠心；酿造黄酒，其中有沉淀的匠人文化；陶艺制作，让我们体会器物之美；寻找书本中的匠人故事，让我感触最深的是黄酒博物馆站。

黄酒酿造的最佳季节是冬季，因为冬日天寒，发酵时间长，酒的味道也会更醇美。我浅酌一口香醇的黄酒，抬头打量着面前酿酒师傅，他六十出头的年纪，灰暗粗糙的脸上带着纯朴敦厚的笑容。当我的目光落在他那双满是茧子的大手上时，内心不禁咯噔一下，凝视着这双手，想象着它慢慢布满老茧的一生。是这双勤劳的手让那些再平凡不过的米粒变成了香醇的美酒，是它用数十年的精湛技艺和朴实的匠心之魂淬炼出缕缕芬芳。这茧不仅是岁月的痕迹，更是酿酒师数十年如一日孜孜不倦的匠人之心。四季

万物正生长

WAN WU ZHENG SHENG ZHANG

更迭，新茧盖住老茧，无限循环，技艺修炼的印记深深刻在了手掌上厚厚的茧子里。正是酿酒人温暖的双手、执着坚毅的品格赋予了绍兴黄酒特殊的意义。再酌一口手中的酒，细腻柔绵的滋味在舌尖化去，醇厚幽雅的轻香悠然而起，感受着鉴湖水与优质糯米充分融合的甘甜，仿佛空气中弥漫着缕缕"匠香"，午后一束阳光淡淡地洒在酿酒人饱经风霜的脸上，熠熠生辉，宛如历经岁月的陈酿，显得如此耀眼。

"酿酒就跟养小孩一样，需要呵护，才能做出好酒，进入发酵阶段，倘若天冷，就需要用稻草将发酵大缸围起来保暖，保持酿酒菌种的活力，而一旦温度上去了，就要赶紧散热。这相当于天冷了，要记得给孩子添衣保暖，天热起来了，要赶紧脱外套……"酿酒手艺人们的这段话是带着怎样的一种炽爱与深情？酿酒不是工作而是在照看孩子，瞬间使"酿酒"这个词拥有了亲情的色彩，正是这些平凡酿酒人的默默坚守、一丝不苟、精益求精的工匠精神，才能酿制出名扬中外的好酒，成就绍兴黄酒业的辉煌。

在绍兴黄酒博物馆的陈列室摆满了琳琅满目的酒器、酒具，这些造型各异、材质丰富的酒器仿佛为我们打开了一扇通往历史的大门，这些震撼人心的艺术品让人不禁赞叹艺术家们巧夺天工的技艺，激起了我心中对陶艺制作无限的期许和热爱。

此刻细细回味自己在小队活动中与陶艺制作的第一次亲密接触，那种兴奋又夹杂着些许沮丧的心情至今令我记忆犹新。在专业陶艺老师的讲解帮助下，我们小队成员参与了一道道工序，陶艺老师信手拈来的事一到我们手里就变得复杂万分。陶艺制作的每一个步骤都需要严格把控，如果一个环节疏忽出错，最终都会失败。陶艺的制作体验让我明白只有坚守"匠心"，一丝不苟、精益求精才能收获成功。

"集匠心，美造物"的小队活动让我明白，一缕书香传承悠久文化；一颗匠心造就千古佳酿；一代匠人铸就精湛技法；一腔爱心谱写华美乐章。只要持之以恒、勤奋不断地学习，对自己热爱的事物报以最持久的专注与执着，将事情努力做到完美，便能像那些成功的匠人们一样开创出属于我们自己的美好未来。

神奇的大自然

没有大自然，便没有人类，这是世界一大朴素的真理。一花一世界，一叶一自然。自然万物看似独立渺小，却有着千丝万缕的联系。静心地走进自然，用心去聆听，你会发现，自然像是蒙上了一层神秘的面纱，有无穷的奥秘，等待着我们去探索和感悟。

先来说说自然界的臭虫，当遇到危险时，它会自动开启自我防护措施——对敌人喷分泌物。这奇特的小昆虫启发人类发明了一种武器：臭弹。

人类发明制造的很多东西都是从大自然那里得到的启示。例如，红色的章鱼一遇到敌人就会变色，它的形状很特别，一个大大的头，长长的腕足上有2400多个吸盘。人们从章鱼那里得到了启示，发明了吸盘式挂钩。人们通过章鱼吐墨可以逃走的现象发明了烟雾弹。可见，生物真是人类的好老师啊！

大自然向我展现出一幅生动的画卷，拓展了我的视野，让我的心灵受到了强烈的震撼。我们只有努力学习、掌握科学知识，才能在将来更深入地探索这个奇妙、精彩的大自然，研究我们赖以生存的自然环境。

过中秋

那天晚上，天色未暗，我已早早地守在窗边，等候中秋的明月。

12点的钟声已经响起，一家人仍沉浸在中秋节的喜悦之中……

　　窗外的火烧云还依稀留在天空的西边，玉兔东升，一轮皎洁的明月悬挂在空中，啊，多么漂亮的月亮啊，简直像个大玉盘！月亮很圆，但不红，我丧失了好奇心，回到了屋内。在回头的那一刹那，我隐约瞥见一个红色的、圆圆的东西的倒影映在地面上。我忙奔向窗边，只见一个红色的满月挂在西边，深红的月亮与仅存的火烧云颜色大同小异。我拿出相机，记录下这美妙的景色。秋风送爽，黄叶飘飘下落。我们坐在楼顶阳台上，看着下方拥堵的车流，想起了那些在外为了自己的梦想拼搏的人，不禁一阵心酸。

　　"刺啦！"我打开了装月饼的盒子，取出月饼，分给家人。

　　"咔！"我们一家人几乎同时咬了一口月饼，冰凉的冰皮碎裂，内部的馅料汩汩流出，由于月饼刚出冰箱，里面的馅料还有点儿冻，流到嘴里麻麻的。那馅料香甜可口，飘逸出浓郁的茶香（因为是抹茶味的），我们全家人都爱吃。一块块月饼很快被我们"消灭"了。吃过月饼后，我们一家人都看向天空，月亮泛红的颜色已经渐渐黯淡了。

　　夜深了，我望着天，静静地想着，不管在哪儿，只要一家人在一起，那就是团圆。以后长大了，不管做什么事，我们都应该常回家看看。

五年级作文

路

　　那条路在脑海深处缓缓呈现，狭窄的街巷，喧嚣的市场，热闹的吆喝声，清脆的自行车铃声，穿过车水马龙的延安路，抵达路的终点。

　　走出校门的我向远方眺望，曲折拥挤的巷子里站着那个笑盈盈的熟悉的老人，她微微佝偻着背，迎着斜阳的余晖等待着……

　　这是我和奶奶走了几年的路，每天上学、放学，这条小路充满了我们的欢声笑语。夏天穿过巷子，奶奶会给我买圆筒冰激凌，我撕开包装纸用舌头扫过冰激凌，看着变成小花猫的我，奶奶笑了，我也笑了。下雨天奶奶来接我，我们并肩走在雨雾里，她总是把伞自然地往我这边倾斜，回到家奶奶的银发已沾上一层晶莹的雨珠……

　　奶奶学识丰富，她是物理学的本科生，据说那个年代读书很不容易，所以她常激励我要好好读书，以后我去哪儿上学她和爷爷都会跟随我、照顾我。

奶奶烧得一手好菜且特别有钻研精神，比如我们去饭店觉得哪个菜好吃，回来她一定会自己琢磨并做给我们吃。父母爱吃酸菜鱼，她可以把味道烧得媲美大厨。我喜欢油煎秋刀鱼，她可以做得外酥里嫩，超越各种日料店。

每天我最期待的就是晚餐时间，奶奶总是变着花样地给我们做饕餮大餐，满满一桌子的菜，我们吃得酣畅淋漓。她望着我们满意地笑着，慈祥亲切的笑容盛开在满是皱纹的脸上，绽放出奇异的光彩。我不由得在内心祈求：时光你慢些走，让我们可以陪伴她久一点儿，让我们在时间的年轮里尝遍生活的美好。我想在每个放学的黄昏，看到奶奶等待的身影，夕阳的余晖拉长了她的身影，慈爱的双眼满是爱意。我想在每次晚餐时，都能吃出爱的滋味，酥脆的煎鱼、精致的蛋饺，奶奶的爱深沉而美好，它温暖地洒在生活的琐细里，让我学会了理解和珍惜。你日复一日的付出，让我铭记世上有种奇妙、永恒又深沉的情意——我们的祖孙情。

时光，你慢些走……愿我们可以陪伴她久一点儿，再久一点儿。

最忆巍山"一古面"

食物之所以让人铭记，是因为它们总与记忆有关，就像"一古面"这寻常的市井小食，不仅让我看到巍山古城的历史，那些旅途中的故事也随着美食缓缓呈现……

——题记

巍山古城，位于大理白族自治州南部，距市中心约50千米，远离尘世的喧嚣，一座座高耸的城门安静地记录着岁月的变迁。

"巍山一古面"位于巷子最深处，店面看似狭小，但走进去空间却并不逼仄，墙边摆上四五张桌子，还有一个个小矮凳。店里生意极好，我好不容易在角落找了一个座位，却被眼前长龙般的队伍吓到了。

不知过了多久，总算等来了三碗热气腾腾的面，我食量小，挑了面最少的一碗。拿起筷子刚想吃，不禁被它独特的摆盘吸引：米线打底，上面洒上了乳白的汤汁，汤汁中微微加了点辣椒油，拌开后鲜香四溢，汤汁由白色变为火炭般的红色。在面条上，放着一片片棕色的肉，肉片上又有青绿的香菜，轻轻将面条送入口中，一时香麻四溢，由辣到麻到鲜，层层推进，细滑的面条顽皮地在唇齿间滑来滑去，像那调皮的精灵。只有吃完这碗面，才不算辜负这上等的美味。

吃完面，我走进后厨探秘。只见一位中年人坐在木椅上，身后是上百袋面粉，手中正将一根极粗的面条慢慢搓细，放入红色大盆内，然后又拿起刷子，蜻蜓点水似的蘸了点儿蛋液，刷在大盆中已圈了十圈的面条上，那一根面足有10米多长！煮时再将其断开，一碗面就只放一根面条。此时，我终于明白了，这一古面的名字是根据制作方式命名的。

我低着头走出面馆，望向门口的木招牌，经历无数风吹雨打，它依然屹立在门前，不禁感慨百年老店日夜苦心经营，多少代人执着坚守，只为成就一碗面。身居老街旧巷，靠的就是专注和味道，吸引蜂拥而至的食客。

巍山一古面浓缩了市井岁月的精髓，温暖而质朴，随着时间徐徐晕染开来，体味出回甘带来的惊喜。

探访中国最后的原始部落翁丁佤寨

"没有什么能够阻挡，你对自由的向往，天马行空的生涯，你的心了无牵挂。穿过幽暗的岁月，也曾感到彷徨，当你低头的瞬间，才发觉脚下的路。"听着许巍的《蓝莲花》，我们的车在山谷迷雾中穿梭。从沧源县城出发，走了一个多小时的盘山路我们抵达了翁丁，一个与世隔绝的原始部落。它位于临沧市沧源佤族自治县的一座高山上，我们不远千里来到这里，只为领略神秘原始的佤族风情。佤族在古语中的意思为"住在山上的人"。佤族生活在偏远地区，解放前一直过着原始社会般的刀耕火种的生活，过渡到现代社会后，仍留下了很多原始社会的印记，其中尤以翁丁古寨最为突出。

步入村寨，热情好客的村民们便唱起了欢快的歌曲迎接我们的到来，以黑为美的佤族人将一小点黑泥巴点到我们的眉心上，为我们送上最美好的祝福。欢迎仪式在山歌和木鼓的敲击声中结束。走进村内，最引人注目的是一排排挂在木桩上的牛头，这些牛头经多年风吹日晒，上面长着绿绿的苔藓，看起来庄重且神秘，佤族人用牛头祭祀他们信奉的"神灵"。

我们在村里的碎石路面上悠然行走，前方不时有鸡阻挡了道路，原始村寨的鸡仿佛并不惧怕人类，它们扬起美丽的颈项大摇大摆地在我们面前闲庭信步。村中的房屋异常古朴，外墙由木材构成，一层养牲畜，二层住人，屋顶披满了茅草，由于岁月的积淀已微微泛黄，从山顶上看就像一个个焦糖馒头。因为村子海拔较高，所以天空中的云彩似乎触手可及。在这一所所房屋中，最特别的当数佤王府了，屋子的门梁上挂满了牛头，房子中央偏左有一个大火炉，炉中置满了柴火，柴火上的茶壶飘出茶香，火炉旁围满了村民和访客，大家说说话、喝喝茶，俨然一幅迷人祥和的画。出了佤王府，我们到了位于山脊上的二号观景台，不知哪家已经开始做饭了，袅袅炊烟从烟囱中飘出，缓缓上升，与山间云雾融为一体。山顶上传来牛悠长的哞哞声，难道它们也被这村庄的美景震撼了？又或许牛也在感叹着："哞！我生活的村庄真美啊！"

古朴的村寨满足了我对原始部落的所有想象，树干上成排的牛头，叼着烟斗的老人，各式奇异的民族服饰……时光流逝，它们已成翁丁亘古不变的符号。

雨季的翁丁总是笼罩着淡淡的薄雾，我仿佛闯入了一场梦境，如梦如幻，只愿自己一直身在梦中。

海上日出

清晨7点，晨光熹微，只见远处的海平面上跳动着点点淡粉的光晕，随着光线的折射渐渐明亮，泛起一圈渐深的红晕。海浪拍打着古铜色的海岸，在海滩上留下晶莹的水珠，被红晕照透，忽明忽暗，如同黑夜里闪烁的粉钻，在冰块上翩翩起舞。

红晕变得更亮了，在天空中分出了层次，由最内层的紫红色，再到最外层的深蓝色，每一层都流光溢彩，隐约照见了早早出海的渔船，在海风中微微摇曳，荡起一圈圈彩色的涟漪，在大海上孤独地漂泊着、等待着。

来自东南角的一丝透亮撕碎了晨间最后的宁静与祥和。红晕渐渐打开一个小口子，太阳从口子里缓缓挪出，上升，当耀眼的第一缕阳光透出云层，瞬间照亮了天空，照亮了大海，海滩上大块的冰反射着阳光，一个一个小孔被照射出斑斑驳驳的光点，极其艳丽壮观。

一群海鸥英姿飒爽地从耀眼的光芒中穿过，沾了水珠的羽毛被光照亮，甩出剔透的水珠，与清晨的阳光交织在一起，形成许多不规则的光点。海风掀起的海浪带有不少的小冰晶，被光线照透后，展现出别样的光彩。

晨曦的初阳拥抱着阿那亚的海面，它让一切都变得光彩斑斓、如梦如幻，仿佛进入了童话的世界。

天空的红晕在阳光的映衬下变得愈来愈亮，层次感逐渐消失，取而代之的是一瞬间的强烈曝光感。此时太阳已全然蹿出云层，摆脱了夜的束缚，迅速升高，晨曦海滩上的神秘感渐渐消失，一切都"真相大白"。

新的一天就此开始。感谢日出，消纳了长夜的幽闷，使万物渐渐苏醒。

自由真美

寥寥微风吹动着那长着绒毛的伞，你，要到哪儿去？

——题记

路边，有一大丛蒲公英，有着棱角的叶子，被翠绿浸着，天真地向路人微笑。它长着小绒毛的茎，微微地摇摆着，在它之上，是一些种子。

就在梢头的圆球上，有不少带着银白色细绒毛的蒲公英种子歇在上面，一些已经远离了母体，飞向天边。但仍有一些粘连在母体上方，似乎在为自己的远行做准备，看上去蓄势待发的种子，在微风的吹拂下有些摇摆，像是想要摆脱母体的束缚，去天边，去更远的地方，看更远的世界。于是，便铆足了劲儿，用力一蹬，随微风飘移，渐渐远离了母体，远离了自己生活的故地，向前飞，飞到更远的地方，寻找它的根……

或许我们每个人都是轻盈微小的蒲公英，在各自的人生轨道上飞扬、寻觅，从芽儿长出叶儿，再到开出质朴的花儿，自由地在万千世界的每一片肥沃的土地上生根发芽。

风，奏起了梦想交响曲，飞向万里碧空，怀抱着希望越过大海，跨过山川，穿过黑暗，飞向绚丽多彩的明天。

飞翔是人生中最真挚的美，当你从束缚中解脱的时候，你肯定会在心中发出感叹："啊，自由真美！"

又起风了，天空飘舞着轻柔的精灵，它们朝向更远的远方，飞去了……

晨曦里的爱

有一种爱如涓涓溪流，含蓄、温醇、坚毅；有一种情如缕缕晨光，和煦、温情、隽永，轻轻吟唱……

——题记

我喜欢筷子兄弟的《父亲》，没有华丽的辞藻却生动感人，父爱像一条温暖长河在心中绵绵流淌。

又是一个平常的休息日，窗外淫雨霏霏，我躺在床上隐约听见厨房传来熟悉的"锅碗瓢盆协奏曲"，于是蹑手蹑脚地起床，打开房门，透过门缝看到父亲忙碌的身影。

父亲的背略有些弯曲，略显粗糙的手握牢一枚鸡蛋，正向碗沿嗑去，半透明的蛋清和橙黄的蛋液缓缓流入碗中，打蛋，煎烤一气呵成，然后是煎牛排，蒸三文鱼，绿豆汤加糖。

窗外的小雨淅淅沥沥，望着父亲不再挺拔的背，满头的青丝不知何时已夹杂着些许银发，我的眼睛渐渐模糊起来，泪水险些夺眶而出，心里也仿佛下起了雨……

回到床上，响起咚咚的敲门声，雨霁，有一束金黄的阳光透过云层照射下来，被玻璃反射到父亲那张温暖的脸上，父亲开口了："快去吃早饭吧，要凉了，今天叫你迟了……"随后我便飞身下床去品尝父亲精心制作的早餐。

自那以后，我明白了这早餐为何如此美味，这正是父亲说的没有任何添加剂的早餐，因为他用浓浓的爱、深深的情替换了添加剂。

谢谢您给予我的细致的呵护，为我建造温暖的港湾，让我的生活处处充满爱的芬芳。此时，耳畔又响起那熟悉的旋律："总是向你索取，却不曾说谢谢你，直到长大以后，才懂得你不容易……时光时光慢些吧，不要再让你变老了，我愿用我一切换你岁月长留……"

暖心的礼物

> 一份礼物，无论是昂贵还是廉价，都始终是爱的给予，心意的传递，它让心与心靠近，再靠近……

> ——题记

有一份暖心的礼物，一直珍藏在我书桌的抽屉里。

记得那次生日会，好友齐聚，欢声笑语，在派对将要结束的时候，我收到了来自他的礼物，一个包装精美的棋盘，一张贺卡夹在中间，署名是：澄清。打开卡片，只见上面写着"任时光流逝，莫忘曾经相濡以沫的好"。看似简简单单的一行字却娓娓道出了我俩5年的情谊。

一年级起，我与他就"融"在了一起，不知是前生的缘分，还是"频率"接近，相见第一天，我们之间就没有半点陌生感，很快成为无话不谈的好友。从那天起，只要一听到下课铃声，我们便飞快地跑出教室，快乐地玩耍，活泼好动的我和谨慎沉静的他总有说不完的话、做不完的有趣事。

就这样，5年时光如白驹过隙，一晃而过，我们的友谊也被时光打磨得更坚固。也许之前只是懵懂地知道他是我的玩伴，可随着年龄渐长，我觉得我们不仅仅是形影不离的玩伴，更是心灵相通的挚友，友谊对于我们非常重要，没有友谊，我们会迷失方向；没有友谊，我们会丧失前行的动力。

就像奶奶的同学会，从毕业到现在，少说也得有50年了吧，岁月并没有使她们的友情变得黯淡，反而更加深刻珍贵，过去半个世纪之久，她们依然可以从天南地北回来相聚，这就是友谊的力量，穿越漫长的岁月历久弥新。

感谢生命里有这样一段珍贵的友情，让我的内心不再虚无、空旷，它是我心底的最强音，使我有决心去努力去奋斗，去披荆斩棘！无论怎样的境遇，相信只要有友谊的支撑，一定可以携手走出困境。

轻轻翻开那张贺卡，我的心中涌现出无限的美好……

寻菇记

清晨的红土地仍笼罩着层层白雾，就在昆绥线沿线，那一片松柏林吸引了我。

我的脚刚踏上这片坚实的土地，一股寒风就迎面扑来。清晨的红土地可真凉啊！蔚蓝的天空，一轮浅浅的红日悄然升起，浅金色的光线穿透松林，到达它可以触及的任何地方。被它沐浴的林间瞬间鲜活起来，望着那一大片云雾中渐渐鲜明的松柏林，我迫不及待地开始了寻菇行动。

地上，尽是枯枝败叶，但枝头的新叶上，挂着晶莹的露珠。这令人心旷神怡的景色，使得一茬又一茬蘑菇在这儿快乐地生存，清晨林子的草木带着独特的湿润和清香，让我忍不住深吸了几口。

只见林中裸露处，无一蘑菇，我的心头掠过一丝失望。但我不甘心，便于草丛中、凹坑里，枯枝败叶小树下翻找着，找寻一丝希望。

"噗"的一声，我俯身察看，一个蘑菇险些被我踩坏了。

向前望去，一整片的小山坡上长满了蘑菇，我欣喜若狂地问村民伯伯能否食用，答曰："不能。"笑容瞬间凝固在我的脸上。我在微凉的风中又寻了很久，心中渐生了些许不耐烦，这么久没一个蘑菇能吃……寻着树根坐下，我托着脑袋静静地想着：如果有根魔杖多好，一召唤便可出现大量蘑菇……

忽然前方传来爸爸略带惊喜的声音："嘿，这些紫色的能吃不？"终于有蘑菇了！我一跃而起，可是紫的？看起来应该不能吃吧。村民告诉我们这是可以放心食用的！我心里那个高兴啊，迅速将那一大片紫蘑菇圈起来统统给采了。

带着满满一袋蘑菇，伴随着一路的鸟语花香，我们满载而归。中午，我们把"战利品"带到饭店，烹制了一道别有风味的蘑菇佳肴。闻着扑鼻的香味，想着今天的寻菇趣事，我们开心地笑了……

写给妈妈的信

妈妈，您可曾记得，在那个阳光灿烂的午后，我们俩坐在书房里，我向您倾诉的那些秘密？在我看来，您是我最好的"保险箱"，同时也是我生活中亲密无间的朋友。那天，您对我说："有秘密不要藏着掖着，小声告诉我吧，我会帮你保存得妥妥当当。"我就渐渐地开始对您倾诉秘密，起初我还有些将信将疑，您能守口如瓶吗？妈妈一眼就看出了我的疑惑，于是说："妈妈最大的特点是什么？"我不假思索地答道："说话算话呗！""所以说嘛，你还不放心我？"

我从您的语气中感受到了笃定，从那以后对您的信任与日俱增，几乎再也没有秘密藏于心底，总会一一向您倾诉，因为您是我最好的"保险箱"。

妈妈，您可曾记得，那次我们拍摄并制作《循着习爷爷的脚步游访绍兴》的视频。在兰亭，您教我各种步法和拍摄的走位，为了让我拍摄出优质作品，您像一个大导演似的说戏示范，而我，两条腿根本不知怎么摆，一甩一甩地模仿着您的步法，走得跟"鸭子步"似的，一点儿也不像您的"模特步"。您使出浑身解数，孜孜不倦地教导着我。终于，短片拍成了，您也累坏了。

可是老师布置的任务还没完成，还有一步：剪辑视频，给视频配音。您又一刻不停歇，修改着我的稿子，一遍又一遍地教我读，一遍又一遍地改善内容，只为了展现最完美的作品。妈妈，您做任何事都讲究尽善尽美，您常说的一句话就是："决定做一件事就要尽自己最大努力做到完美。"于是您和爸爸夜以继日地编辑视频。一次次地调整，一次次地改善，最终制作出了一部优秀的短片。

记得有一回我从梦中醒来，感觉天快亮了，睁开眼，发现还是黑夜。看了下表：2点30分。我刚想倒头继续睡时，忽然听见书房传来声音，于是，我溜下床，敲了敲书房的门，里面传来您的声音："宝贝儿，这么晚了，不睡觉溜出来干啥呢！"我打开门，看见温馨的一幕：爸爸和您身边放着两杯咖啡，正在赶制我的视频。我心中涌出深深的感动，可还没来得及发话，就被您给"轰"了出去："好了！快去睡觉吧！"您把我推回了床，此时，我的内心百感交集。

妈妈，感谢您陪我走过十一个春夏秋冬，为我带来一路的欣喜和芬芳，这甜蜜简单的幸福，流淌在微小细琐的烟火尘世里，明亮着，清晰着，让繁忙的生活多了丝丝温情……

我和冬天有个约会

冬，位居四时之末。每至冬日，大地一改秋日里无边的金黄，披上了一层闪耀着奇异光辉的白毯。那，便是我最渴望的一刻。

——题记

当皑皑飞雪降落至大地时，便是我最激动的一刻。

喜欢那纷纷扬扬的雪花坠落到房顶、屋檐、地面，顷刻间就堆得厚厚的，那是我对冬雪的祈盼，祈盼和冬日有个温馨的约会。

今年冬天的第一场雪，来得格外突然。成天在家里念叨"快下雪呀，快下雪呀"的我终于得偿所愿。开始时，还是稀里哗啦的雨，半晌后夹着几片雪花，那一刻，我激动地跑到窗前。

少顷，就由雨夹雪转为冻雨，其间夹有大片的雪花，听冻雨用力砸地的声音，看见地上的积雪早已寂静无声地厚了起来。我的心怦怦直跳，唯恐雪停转雨，便紧张地打开电视收看《天气预报》，当看到"预计会持续降雪"七个金光闪闪的大字时，我欢呼起来，一年来的愿望，此刻终于实现了！

似乎过了很久，外头异常安静，我抬起头，紧张地望向窗外，本以为会看到薄薄的一层积雪。可事实却恰恰相反，雪很厚，估计是降雪不均匀的缘故吧，有些地方仍然没有积雪，可是我已心满意足。能有这样完美的一场雪，对于爱雪的我来说，已是得偿所愿。

今年的这场雪下得奇妙，当我已断定不会再降雪的时候，那雪仍然纷纷扬扬，发疯似的席卷了整个绍兴城。才过了10分钟吧，马路上已经有了一层薄薄的积雪，看上去不错，白茫茫一片。尤其是车辆驶过时，那暖融融的大灯照映着冰凉的雪，金光从雪上反射，格外地耀眼。那光，似乎也照入了每一个顽童的心中。

傍晚时分，雪还是没有停的意思，越下越大，大到我都"怀疑人生"了。白天，草坪上因降雪不均匀而出现的几个坑，现在早已被填充得满满当当。楼下停靠的车辆上，早已"涂了一层浓奶油"，雪厚得把车顶的天线也给埋了。雪压弯了繁茂、挺拔、高耸伫立的竹子，竹子像没睡醒似的，懒洋洋地趴在马路上。虽说没有倒，那腰也够柔韧的，至少比家门前那棵被风雪压倒的可怜的松树好多了。那棵松树本身就不是很健康，又被风雪摧残，惨兮兮地趴在雪地中，而那大雪还在下……

一晚上过去了，那雪已没过了我的双脚，这是玩雪的好时机——

我冲下楼，随手从车顶上掏了一大团冰凉的雪花，准备开始进攻。

爸爸优哉游哉地下了楼，手中还提着两个沉重的塑料袋，一副毫无防备的样子。我举起雪球，一下子就向爸爸头上砸去——

"啪——"雪球被爸爸反手打碎，没想到，他竟早有准备，我偷袭未成功。

可是爸爸躲得过一颗，却无法躲过第二颗、第三颗，我的雪球如子弹般发射了出去。哈哈，我旗开得胜。面对强大的雪球攻势以及手上两个垃圾袋的拖累，爸爸只得宣告投降。

感谢纷纷扬扬的冬雪，让我有了这一次美丽的不期而遇。

阿那亚奇景

阿那亚社区位于秦皇岛北戴河新区，滨海新大道笔直地从它西北边经过。

奇景一　滩

阿那亚的海滩颇具特色。我来这儿的目的可不是玩水，而是赏冰玩雪。

在这冬日里，只见耀眼的冰晶随着海浪此起彼伏，一夜寒风吹，便形成了大片大片的海冰。这些冰质地柔软，摸起来同雪差不多。这样的冰能绵延数十里，最厚的地方足有20厘米厚。我踩在这厚冰上，鞋子开始慢慢陷下去，直到冰晶漫进鞋子里，我才赶紧提脚离开。远望此景，仿佛置身于北极。

更奇的是，在一夜狂风过后，海滩的冰层以下及裸露的地方到处都是各式贝壳和虾类，我暗暗地想如果宾馆有烹饪器具就好了，我就可以拾回这些海鲜享用最新鲜的海鲜大餐了。

奇景二　风

北方冬天的海风威力绝对不容小觑，今天气象台发布了大风预警，说有八级东北风从大连刮来，于是我们赶紧做好了防风准备。

下午海上浊浪滔天，狂风夹着鱼腥味儿席卷了秦皇岛，阳台的门被风刮得呼呼直响。海滩上刮起了"沙尘暴"，海冰上裹了厚厚一层沙子，狂风掀起的惊涛骇浪，拍到木桥上，拍到景观台上，持续而猛烈地刮着，直到夜色笼罩了阿那亚，它才稍作停歇。

第二天正午，又起风了，较前一日稍小，好像在为我们送行，沙滩被刮平了，这风让我们在旅行的最后拍到了极其完美的照片。

奇景三　冰凌

浪的出现总配着狂风。这一次的海浪，同样也配着狂风。

浊浪滔天，海浪拍打到木桥上、台子上，弄湿了桥上的绳索以及底下的木板，第二天奇景又出现了。你一定听说过水结冰，可听说过海浪结冰吗？

海浪拍打过后，桥上就挂满了冰凌，向下延伸直至地面，这壮观的冰凌奇观又为阿那亚增添了一份独特之美。

奇景四 海上美术馆

世界上好看的美术馆千千万，但是能将诗意和远方直接融入建筑的，沙丘美术馆算一个。它是建立在沙滩上的神秘洞穴，连接沙与海，蕴藏着生命的深度，静静地矗立在海边。坐在美术馆的长凳上听海浪穿透玻璃唱起异常动听的歌谣，那感动不言而喻。

阿那亚千奇百怪的元素令我深深地爱上了这片冬天的海，这片奇美无比的海。

东川的红土地

红土地，顾名思义，当然是红色的土地了。它位于昆明市郊，由于地理位置偏僻，只有一条路可以深入，那就是昆绥线。

落霞沟

沿着昆绥线一路行驶，转过数十个发卡弯，翻越了眼前的这座高山，我们终于抵达了落霞沟。落霞沟应该在有落霞或者朝霞时看才完美，可我们在日光高照时，就跑这儿来了，虽然未至落霞时，可落霞沟依然绚丽无比。眼前是长长的木质栈道，我急不可待地走了上去，这栈道紧傍着山，右侧便是深深的山谷，山谷中零星有几个小村庄，村庄旁便是一块一块的红土地，红土地镶嵌在绿土地、黄土地中，显得格外耀眼，欣赏着眼前的美景，长长的栈道不知不觉就走完了。

千年龙树

哇！啥树活了一千年？千年龙树对我太有诱惑力了！

到了树下，乍一看，笔直的树干，分杈长出几根粗壮的横枝，横枝又分出横枝……这样下来，便有了独树成林的感觉。而且，这树还挺会挑地方长，只见树旁尽是绵延的横断山脉，些许云雾缭绕于山头，身旁的景色如梦如幻，似乎将这龙树带入了朦朦胧胧的幻境……

锦绣园

抵达锦绣园时，天色已晚，朵朵火烧云在头上飘着，气温也骤降到了10℃以下，于是我们并没有深入锦绣园，而是打算让无人机去侦察侦察，以便明日出行。

无人机飞上了百米高空，钻入云层，将火烧云拍得一清二楚，我也不甘示弱，拿起相机也拍了几张，忽然发现山间有一条土路可供人深入锦绣园，既然侦察任务已经完成，就让无人机返航吧！

第二天一早，忽然听见爸爸的叫声，过去一看，我也不由叫出了声，只见云层在我们下面！我们仿佛在云间摇曳，于是急急忙忙地起了床，再次来到锦绣园。

我们步入了昨天无人机侦察过的土路，路边的碑上刻着"锦绣园"三字，眺望山间，云层在我们脚下，山谷中的红土地不见了，取而代之的是洁净的朵朵白云。这神奇的景色令人惊叹，我用相机记录下了这宝贵、特别的一幕。

如诗如画的东川，使身处繁华、喧嚣都市的我，体验了独特的山野生活。那延绵的山峦、碧野的松林、金灿灿的阳光照耀在千姿百态的蘑菇上，这美丽的画面将永存我记忆的深处。

一簇亮光

夜深了，一片漆黑。

蒙蒙细雨轻轻飘落，在寒冬的夜里，雨滴异常冷，像是刚融化的冰。我趴在窗前，无眠，只是看着窗外。

一位60岁左右的老人行走在马路上，这么冷的天，他想干什么？我眯起了眼睛看着。

月光下，隐约瞅见了老人身披的橙色马甲，他是环卫工人，头戴一顶帽子，顶着冷雨，拿着扫帚，扫拾着路边的垃圾。雨滴静静地敲打在老人的身上，像是在说："天黑了，快回去吧，夜色这么晚了，早点休息。"老人依旧在扫拾垃圾，任凭雨点敲打，像是在回应雨点："这是我的工作，我得干完它，这样明早醒来的人看见干净的地面才会有好心情啊！""滴答、滴答、滴答……"钟表转到了零点，马路已被老人清扫干净。雨，依然下着，老人就像一盏明灯，在雨幕中，在夜色里，照亮黑夜。城市的污垢已被清除，变得亮闪闪，像是在迎接新的一天，新的开始，忘却昨天的阴冷潮湿，看见黎明的光亮！老人默默清除马路上的污垢，不论多么艰难，只要轻轻抹去内心的忧愁，你的心都会变得更坚强。老人用行动，清除了城市的污垢。

在这个平静的冬夜里，老人就像一道亮光，做着平凡的事，温暖着这座城，温暖着身边的每一个人。这个雨夜因老人的举动便多了一分温情。

陈中奇

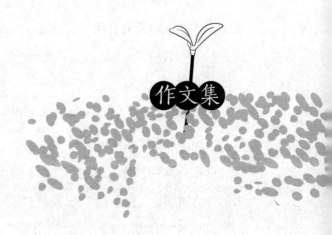

作文集

三年级作文

以书之名

　　书，一个普通的字眼，却是多少学者向往的"神物"！我也不例外，是个爱看书的"小书虫"，我从能识字开始，就开始看起了书。

　　我读书从彩绘书、绘本开始读起，回想当年，我如饥似渴地读书，书的层次也在不断提升。图书图书，有图片的书，令我心驰神往。最后我看起了大部头小说，如《西游记》《三国演义》《水浒传》《红楼梦》。

　　我最爱看罗贯中的《三国演义》。我热爱诸葛孔明的机智过人，我热爱刘玄德的仁慈过人，我更热爱赵子龙的胆识过人。我将《三国演义》来来回回、前前后后，看了五遍。

　　高尔基曾经说过："书籍是人类进步的阶梯。"这告诉我们书是多么的重要！

　　苏霍姆林斯基曾经说过："会不会阅读，决定着一个人的智力发展。"这也是在告诉我们书是多么的重要。

　　我与书有着不解之缘，让我明白了书的重要性，与书结为了好朋友。那是一个酷热的夏天，我在家中看电视，舅舅来到了我的家中，手里捧着一本《西游记》。我下楼一看，本以为舅舅带了什么特别的好东西，心想：《西游记》不是有电视版吗？舅舅对我说："这本书呢，特别好看。""为什么要看书呢？"我疑惑地问，"不是有电视版的吗？"舅舅严肃地回答我："有两个原因驱使着我读书。第一个原因：电视对眼睛的伤害十分大，而书本那就不一样了，书本对眼睛伤害十分弱，不容易近视。第二个原因：书是我们祖先创造的文明成果，一些好书可以令人终身受益！我们应该怀着一颗敬畏的心去看书，去读书！"

书是人生的灯塔，指引着人生的方向！书是打开知识大门的钥匙，也是人类的精神食粮，哺育我们长大成人，请热爱读书吧！

20 年的约定

岁月如流水，一去不复返，一眨眼，已过去了20年。我已经成熟了许多，在工作上，我也已经小有成就。我是一位书法家，在绍兴已小有名气，书法使我受益！这20年来，我的小学同学都过得怎么样？不行，我一定要见一见他们!

"来!让我们举杯痛饮!""干杯!"同学们欢聚一堂,我肯定要问一问他们都取得了哪些成就。"嘿!老刘,这些年你都干了些什么大事?"他一本正经地回答我:"我都在歌坛唱了好多年了,你居然不知道?""我真没听到过。""老兄,我是一名歌手。"我看了看,"你这身衣服太嘻哈风了吧!""还好了啦!""哦,对了,下次演唱会记得叫我!""OK!"

"小许,你是什么职业?""我……我……我只是一家公司的职员!""哦,那岂不是很累,今天多吃一点儿哦!"

"郭郭,你现在是什么职业?""看我的身高,2.1米,现在是个排球运动员,下次我请你看我的比赛,先说好,我打的不是沙滩排球。"我一眼望去,郭郭坐着都比小许高,小许是应该多吃点儿了,再不吃就该骨瘦如柴了!如我是正常比例,那老刘是我体重的不知多少倍,老刘,你该减肥了!

而徐姐可是大有成就啊!她现在是一名科研人员,让我们不得不肃然起敬,徐姐,你一定要造福人类啊!

小学虽然只有6年,但是却给我们留下了一辈子的印记,朋友——是一辈子的!

文明——只差一步

傍晚，小明和小红开开心心地放学回家，路过了一个垃圾桶，周围布满了垃圾。小明心想：是谁乱扔垃圾的，真讨人厌！

一些蔬菜、果皮、剩菜剩饭，一片狼藉地铺在垃圾桶周围，也无人拾起，日子一多，奇臭无比，许多苍蝇在周围游荡。小红和小明惊讶了一会儿，不过，他们马上恢复状态，小红开始拾垃圾，小红对小明说："你的文笔那么好，怎么不写一句标语呢？赶紧写，赶紧写，等会儿咱们一起把标语贴在这个垃圾桶上。"小明一边思考一边回答："好吧！我想一想：拒绝乱扔垃圾。""不好。""保护环境，人人有责。""不好。""文明——只差一步。""就这个了。"小红用手拾起垃圾，而小明呢，则在一旁题写标语。

当小红拾完垃圾后，小明也完成了他的"大作"，文明——只差一步！小红和小明受到了路人的称赞："你们真是好孩子，不仅清理了垃圾，还为垃圾桶增添了标语，我们这些大人还没有你们这些小朋友勤劳，真是自愧不如啊！"另一个路人也开口了："我们要学习你们不怕脏、不怕累的精神。"走过的路人纷纷鼓起掌，报以雷鸣般的掌声，小红和小明开心地笑了！

通过这件小小的事，我获得了巨大的启示：要爱护地球，不乱扔垃圾，不随地吐口水，是我们每一个地球人该做的事，可谓是"保护地球，人人有责"！为了让大家生活得更加舒适，我们就从现在做起，从小事做起，从弯下腰拾一张餐巾纸做起！为了地球，加油！

在我的身边，也有一个这样的人，他是我的卫生"助理"，小胡同志。他乐于助人，也曾为了地球，收拾了整个"垃圾屋"。我要向我的助理学习！

保护环境，人人有责。

四年级作文

我来到中奇星

我乘坐着中国"长征"二十五号来到了太阳系之外的中奇星。

中奇星上一大片绿色，绿色中夹杂着一些红色、紫色、蓝色……那是花的颜色。我向前方走着，忽然看见了一个超大泡泡，泡泡上有个小洞，我爬进了这个洞。顿时我吓呆了，因为我看见了一个三角形脸，正方形肚子，长条形脚的外星人。对了，它的手也是长条形的。这真是一个奇怪的外星人。这可比我在电视上看到的可怕多啦！

就在这时，那外星人转过身来发现了我，我吞吞吐吐地说："我……我不是故意闯进来的。"外星人用机械性的声音说："你到底是谁？你是怎么来到这里的？""我是陈……中奇。我来自地球，我是乘坐中国'长征'十五号来到这儿的。我并没有恶意来冒犯您，我只是想采集中奇星的一些具体数据，带回地球。""那你采集完了吗？""采集完了！""那你可以走了！""好的！后会有期！""后会无期！"就在我和外星人谈话的时候，寅星的外星人试图攻占中奇星，那个外星人冲了出去，说："全体集合！"又有一大帮外星人不知从哪里冒了出来，有的外星人是圆头、三角形身、正方形腿，有的是尖头、正方形身、圆手腿，还有的是正方形头、正方形身、正方形手……

"开始展开攻击了，寅星外星人人手十枚火爆弹，中奇星外星人人人都手拿二十枚水形炸弹。"最高指挥官手中拿着一把装满水炸弹的机枪。只听见"轰轰轰"三声，寅星人死伤过半，但还是继续向前冲！"杀呀！"两星人开

始交战，一会儿后，寅星人仅剩十人了。中奇星人大败寅星人，寅星人落荒而逃！可见中奇星人的战斗力十分强。

我成功返回了地球，将中奇星的具体情况报告给了上级。

"圆圆"的中秋节

中秋节有着悠久的历史，每逢八月十五，我脑海里浮现的就是圆圆的月亮、圆圆的月饼。

我坐在窗前，吃着月饼，赏着月。那皎洁的月光照在大树上，好像在大大的荧幕中一般。月亮又大又圆，在那洁白的月盘中，好像有一丝人影，我想那可能是嫦娥吧；也可能是吴刚，还在为那永远砍不倒的桂树而发愁呢；还可能是玉兔在辛苦地捣着长生不老的灵药呢！

星空中，那月亮显得格外醒目、格外皎洁。

一想到中秋节里可以吃到月饼，我就一蹦三尺高。妈妈买了许多月饼，有五仁的、肉松的、豆沙的、红豆的……我眼疾手快，拿着一个肉松的大月饼就往嘴里使劲塞。一下子，就吃光了一碟，我摸着我的大肚子说："太撑了，我的肚子快要爆炸了。"

中秋节不仅仅是月亮很圆，我们全家也团圆了。爸爸从外地赶了回来，我们围成一个大圈，吃着团圆饭，一起赏月。

在梦中，我当上了宇航员，飞上了月球，我好像看到了嫦娥抱着肥肥的玉兔，旁边站着拿着斧头的吴刚，他们在向我招手。我高兴极了！

中秋节是一个圆圆的节日，月儿圆，饼儿圆，人团圆。

我喜欢"圆圆"的中秋节。

菱角星球的来客

今天，我从菱角星球，来到了地球的一个沼泽地中，这里有许多无角的菱。我寻找着四个角的伙伴，可是，在这个沼泽中并没有，我伤心极了。

我身穿着咖啡色的铠甲，很少有人可以不费一点儿劲，就伤我一分一毫。我有四个尖尖的角，这好似四把长矛可向敌人刺去。

我的食用价值非常高，有许多人争着抢着要抓住我呢。我的身体中含有淀粉、葡萄糖、蛋白质……我还可以用来预防癌症，药用的价值也非常高。别看我小，我可是有三层皮的人。

我虽身在沼泽地，却心系大海。我相信总有一天，我会从菱角星球游向大海。我正准备着长途旅行，希望可以游到大海。

我将前往大海，我奋力地游着。我简直用上了吃奶的劲儿，行进的速度非常快。后来我的体力渐渐透支了，速度也慢了下来。我远远地望着前方，出现了大海的足迹，水渐渐变咸了。我的嘴里喝着清凉又咸的海水。在大海中畅游了一会儿。突然我口吐白沫，抱着肚子尖叫道："好疼啊，肚子要爆炸了。"原来海水是不能喝的呀！我差点丢了性命。

我真是"偷鸡不成蚀把米""捡了芝麻丢了西瓜"呀！我以后可不能再贪心了。

勇敢

——读《鲁滨孙漂流记》有感

人生中你会遇到许多挫折、困难，但是你不应该退缩，应该勇敢前进。当翻开《鲁滨孙漂流记》这本书时，我看到了鲁滨孙的勇敢，并被他深深感动。

鲁滨孙从小有个梦想，想当一位航海家，乘着船，穿越世界，却因为一次事故，沦落荒岛，但他还是勇敢地、坚强地存活了下来。后来有一位船长来到荒岛，并将他带回了英国。鲁滨孙也终于回到了自己的家——约克城。

我认为鲁滨孙是一位勇敢的人，敢于自由地追逐自己的梦。

有一次，鲁滨孙在荒岛上遇到了许多野人。他没有退缩，而是与伙伴"星期五"狠狠地教训了野人一顿，"野人"伤亡惨重。从这件事中，可以看出鲁滨孙具备勇敢的品质。他值得我们敬畏。

由此，我想到了我勇敢的爸爸。有一次，我掉进了河里，爸爸不顾一切，迅速地跑过来，跳进河里，把我"捞"了起来。你知道那水有多冷吗？只有5℃左右呢！爸爸不顾自己的安危，救了我。在妈妈烧菜着火时，他也一点儿都不害怕，勇敢地冲上去，敢于与火"抗衡"。

从中，我知道了一个道理：不管遇到多大的挫折、多大的困难，都要奋勇前进，敢于面对。

未来的家园

随着科技的发展，原先长满树木、郁郁葱葱、阴凉的小村庄变成了一个个科技小院。

走到科技村庄门前，我惊呆了。这并不是普通的大门哦！这可是密码门，有了这扇门，小偷什么的就别想进去了。走进大门，这一片繁华让我目瞪口呆，所有的房屋都是由钢板、铁板等金属材料制成的。哇！连花木都是金属的，花木旁还有植物介绍呢！走了好久才发现脚下的路全都是由高承受力的玻璃制成的。路灯都亮了许多，村庄里还多了一个大大的篮球场。

走进房屋中，只听见一个温和的声音："您好，主人，欢迎回家，请问需要些什么？"这时，你就可以对墙壁上的一个屏幕说："我想洗澡，请帮我放好水，温度38℃左右。"说完，你可以上楼做一会儿作业或吃些东西，填饱肚子。等到水放好时，那个声音会再次出现："主人，您的水已经放好了，水温38℃。您可以去浴室了，一个高科技浴缸正等待着您。"进入浴缸后，你难免会觉得无聊，这时你可以看看浴缸上的按键：牛奶键、咖啡键、果汁键、饮料键，等等。如果你按一下果汁键，这个高科技浴缸就会展出一个板，板上马上就会出现一杯冰镇果汁。如果你想"续杯"，你可以按续杯键，浴缸旁边就会出现一个果汁自动倒入机。只需将杯子放置在倒入机的旁边，果汁就会自动续杯。泡完澡后，就要睡觉啦！

睡觉的床能自动调节温度。如果那天很冷，你只要在床上趴一会儿，就会浑身充满热气。这一夜，你就会睡得非常舒服。

未来的家园会更加美好、美丽。

为了战争而奉献

——观《英雄儿女》有感

今天，我看了一部非常好的电影——《英雄儿女》。这虽然只是一部黑白电影，却深刻地体现了当时抗战的艰辛。所以我向大家推荐这部抗战"大片"——《英雄儿女》！

这部电影主要讲了一名国军战士王成与妹妹王芳的抗战故事。他们一个是前线战士，另一个则是宣传部的。

我十分欣赏王成这个人。他无私无畏——为了国家，为了百姓，为了亲人，他将最宝贵的生命奉献了出去。他牺牲的时候，年仅20多岁。这可真是一位伟大的军人，拥有无私奉献的精神。来，让我们向那些伟大的英雄致敬，因为我们现在的安宁，都是由那些战士用生命和鲜血换来的。

在一次战斗中，王成这支部队被日军轰炸得只剩下了王成一人。他一人抵抗了日军多时，用无线电台对炮兵说：

"不管那么多，向四号阵地开炮，向我开炮。"随后，就拿起炸药与日军同归于尽。妹妹王芳将这英雄的故事写成了一首歌。

由此，我想到了我们班的语文课代表子萌同学。子萌同学不但学习一丝不苟，她的语文课代表也当得十分称职。每天早上收作业，收到上课也没有收完，然后，课间继续收，直到第三节课下课才收完。她奉献了自己的课余时间，也可以说是自己的玩耍时间。我十分欣赏她无私奉献的精神，也让我非常感动，我要学习她的精神，为班级做奉献。

奉献是一种高尚的品质，我们人人都要努力拥有它，因为它能使我们变得高尚。

五年级作文

我喜欢缤纷的四季

世界的美妙由四季组成，春天的生机盎然，夏天的炎热酷暑，秋天的硕果飘香，冬天的白雪皑皑！我热爱四季，是四季让世界缤纷多彩。

春，百鸟争鸣，百花盛开，似歌唱家、舞蹈家一样，讴歌跳舞。燕子飞了回来，投入了我们的怀抱。一朵朵小花逐渐盛开，红的似火，粉的似霞，白的似雪。五彩缤纷，小花、小鸟，为春天增添了一份光彩。冒出新芽的小树，笔直挺立着，仿佛要守护这个四季。一点点小草从土里探出头，好似在"侦察"着什么！

夏，艳阳高照，酷暑难耐，人们都抱着电风扇或者守着空调。到了夏天，"冰棒"开始盛产，在炎热之时，吃一根"冰棒"，浑身透着凉气，吃了让人无法忘记的味道。小草们全都冒了出来，给了夏天焕然一新的感觉！

秋，漫步田野，青草枯黄，稻子成熟，青绿的稻田变得金黄，一阵风吹过，稻田就翩翩起舞，好一阵金黄的稻浪。硕果成熟了，农民伯伯迎来了丰收的笑脸，果园中的人们都在忙碌，忙着收果呢！一个个苹果争着抢着让人们去摘呢！梨、橘子、橙子也不例外，一个个胖乎乎的，营养也太丰富了吧！

冬，没有春天的生机，没有夏天的热闹，没有秋天的果香，却有着自己独特的韵味。我们一直祈盼着冬天的飞雪，可冬却总是不合人意，一个又一个平淡纯洁的冬过去了，可还是不见雪意。我们一次又一次地抱着希望迎接冬天，却总是失望，我多么希望能来一场浪漫的飞雪，我仍抱有希望。

无论是繁花似锦的春、热情似火的夏，还是硕果累累的秋、冰天雪地的冬，在这个丰富多彩的世界里，我开心地享受着每一天。

父爱的力量

那是一个寒冷的冬天，寒风刺骨，我格外寒冷，因为那一件事！

我刚参加完语文考试回了家，便被"告发"了，说我和同学对答案。笑话，我需要和别人对答案吗？可恨的是，这个同学竟然跟告发我的同学是一伙的，我竟然无法自辩，太悲哀了，我十分悲伤。那个同学说："我没有和他对，但是他偷瞄了我几眼。"

我十分愤怒，心中的火焰越烧越高，我真想攥起拳头，"哐"地一拳锤在他脑门儿上。最终，我被老师评了一个"鸭蛋"。我心中却委屈道："冤枉啊，青天大老爷，你一定要为我洗清冤屈啊，还我一个清白！"泪水打湿了我的衣襟。

我回家告诉了爸爸，爸爸气不打一处来，开着车，火速冲到了我的学校，我十分感动。爸爸向老师问清了情况，并说了一句："我相信我的儿子，请该给我的儿子打几分就给他打几分吧。"最后，我们胜利了，我要回了我的100分，让我的同学们刮目相看。

爸爸虽然有一些缺点，比如爱喝酒、死要面子，但是他还是爱我的。相信我，父爱如山，坚信自己的父母，爱是无限的，只是需要你自己去用心体会。

原来春天一直都在我身边

不管有多么寒冷，只要有爱，就会暖意融融。原来，春天一直都在我们身边。

这是个风雨交加的夜晚，我正孤身一人，埋头苦写作业，只见得房门微动，似乎要打开一样，妈妈走进了房间，一进来就责骂："你怎么还在写作业，昨天干什么了？明天就要上学了，现在才开始写作业，如果明天起不来，我就不管你了，哪怕你迟到我也不管了。"我虽没说什么，心中却暗暗较劲：昨天我明明在上兴趣课和补习班，早上我还有一节羽毛球课，我一个周末要赶四个地方，我容易吗？这边上完上那边我头不晕吗？我心中甚是委屈。

周一我一直睡到了7点30分，妈妈还没叫我，我就自已起床，炒了个蛋夹在面包中，吃完后，准备去叫醒妈妈，我悄悄地走进房间，发现并没有人，我心灰意冷地准备再睡一会儿。她弃我而远去，我的心中满是倦意，当下的季节本该是春天，却在我心中萌发出了冬天。

有一次，我们去餐馆吃饭，只看见朦胧月色之下，有一个莲花池，池中莲花已经开了几许，莲叶并未枯黄，仍是"接天莲叶无穷碧，映日荷花别样红"。我快速吃好了饭，准备拿着妈妈的手机去摘几朵莲花和几片莲叶，而正当我打开手机手电筒准备开捞时，我手一晃，身子一个不稳差点掉入池中。我并不灰心，准备再来一次。我一手摸着莲花，一手抓着池沿，我俯下身子，刚摘得一手莲花，攀到枝干，正准备将莲花拉上之时，意外发生了，我身体不稳，与手机一同掉入莲花池中。我正在池中摸索着手机，妈妈听见声响已经面色紧张地出来了，看见我在池里，急忙跑过来，把我拉了上去，自己却跳入水池捞着手机。我再次跳入池中，与妈妈左右开弓，双管齐下，在黑暗之中，我们就像瞎猫一样，在一团又一团泥中寻找着"死老鼠"。我吃力地行走，我们坚信母子同心，其利断金，终于功夫不负有心人，我手在池塘中的一角摸到了一块类似方砖的东西，我摸出来一看，只看见一块会发光的方砖跃出水面，我满心喜悦。

我十分感动，在我掉入水塘后，她将我抱了出来，自己却下了水，她的本能反应就是无论怎样，我是第一位的，手机是其次的，找到手机后，我们赶紧上了岸，她立马结了账，开车回家，到家后先给我换上了干的衣服，然后拿起吹风机，对着手机一顿吹。

我颤抖着，因为有爱，不管多么寒冷，春天一直都在我的心中！

惊蛰

惊蛰一声霹雳，唤醒了许多沉睡中的灵魂。

中华历史源远流长，一股神秘的力量在支撑着中国文化的不朽和传承。这股力量就是爱国的精神，这是一种让每个国人都敬佩的，也是每个国人应有的精神。

屈原是我国的大文豪，写过许多著名的篇章，《离骚》便是他的作品。他温文尔雅，是一个才华横溢的诗人，更是一位爱国志士，他的文章写出了他对于国家的热爱。战国时期，秦楚争夺霸权，诗人屈原很受楚王器重，然而屈原的主张多受守旧派的反对，屈原更被不断诋毁，致使楚王渐渐疏远屈原。秦国日益强盛，楚国逐渐衰弱，公元前229年，秦国大举进军，攻占楚国八座城池，接着又派使臣请楚王去秦国议和。屈原看破了秦王的阴谋，冒死进谏，楚王不但一意孤行，还将屈原放逐。在敌军侵入的那一刻，大部分人民都投降了，唯独屈原投了汨罗江，自杀殉国。人们为了纪念他，将这一天，定为端午节。每年这一天，汨罗江附近的居民都用荷叶包着米团，扔入江中，愿保屈原的遗体不被鱼儿啃食，这一习俗也就演变成了端午节的粽子，所以我们每逢端午节，都要包粽子。随着时代变迁，这粽子的种类，也渐渐变多了，有了肉粽、蛋黄粽、米粽，各式各样，随君选择！

通过这个故事，我又想到了另一位文豪的故事——鲁迅先生。鲁迅先生的故事发生在抗战时期，他弃医从文，他手中的笔便是他最得力的武器，他用笔写下一些文章，将其投至报社，印成报纸，有力地抨击了黑暗势力的嚣张气焰，为革命志士呐喊，唤醒民众麻木的灵魂，他也拥有着一份爱国的精神等待我们去传递。

从古到今，有多少人为了国家而站了出来，文天祥被俘后宁死不屈，岳飞率领"岳家军"出生入死保家卫国，戚继光在东南沿海抗击倭寇使敌人闻风丧胆，梅兰芳绝食明志不向日本人低头……这一个个不朽的故事，启迪着中华儿女为中华之崛起而努力奋斗。

勇敢地将爱国精神传递下去吧！这力量终将再助我们，助我们日益强大，助我们振兴中华。无论何时，无论何地，都要有一颗爱国心。

转眼惊蛰已至。一声春雷，冬季蛰伏的万物都从梦中醒来了！

冬·约

"梅须逊雪三分白，雪却输梅一段香。"在一场满天飞雪之中，冬姑娘悄然到来。

冬天，一个白色的季节，一个纯洁的季节，一个寒冷的季节。它虽没有春天的鲜艳，没有夏天的温暖，没有秋天的香甜，但它，却有自己独特的味道，这就是宁静！

在冬天，我是快乐的。我总是趁大人不注意，偷偷地拾起一块白雪，放入嘴中，细细品味。啊，是冬天的味道！当然，冬天的味道不止这一种，还有那温暖香辣的火锅。在寒冷的冬天，吃上一口火锅，浑身仿佛都充满了力量。一口火锅，让我在寒冷的冬天，满血复活。

冬天，雪仗更是必不可少的。雪球的制作方法也十分简单，只需拿起一堆雪，将它揉成一个球儿状，尽量将它揉圆就行了。

每当下雪之时，便意味着"江湖"上会有一场"恶战"

发生。

我再次邀请到了我的表弟加入我的"帮派"，我开始划分阵地，你占领这方高地，他占领这方低地，而剩下的一块高地，便是我的了。我们一人拿了一个桶，将桶中盛满了雪，然后开始准备我们的战斗。

我偷偷地准备了一盆水，等会儿你就知道有什么用了。

我将雪团成球儿，浸在水中，好让它更重，伤害更大。我准备了二十五个球，表弟准备了三十个球。"开战！"我以迅雷不及掩耳之势，两手持球，一齐向敌方高地砸去。敌人被我成功命中一球，衣服上留下了水渍和雪。

这时，敌军对我发起强有力的冲锋，不断向我逼近，四个大雪球朝我飞射过来，我来不及躲闪，被敌军命中，成了一个雪人。我抖了抖身上的细雪，开始了我的"复仇之路"。

我用力投出最后一个球，敌方被我"爆了头"，头上白花花的，像一个年迈的老人。他开始大声哭喊，我没想到他还会发紧急求救信号，真是失策。

"我输了！"我大声喊道，"你赢了！"

他露出了笑脸，果然是阴谋。

冬天，我们有个约定。雪，我们有个约会。相约在冬天，我们再来相见，再来一起玩耍，一起高歌，一起嬉戏！相约在这皑皑白雪之中，相约在这银装素裹的世界，相约

在这个美丽的地方。在无限的期盼、无限的想象、无限的
寻找后，我们终将再次相见！

我和冬天有个浪漫的约会！

校园的美丽

"叮，叮，叮"，随着闹钟响起，我即将走进校园，我
想象着怎样与老同学见面，我想象着开学的一切。这可真
令人期待！

我信步走进校门，值周的同学亲切地向我们问好，这
一切都是那样熟悉又陌生。我期待地寻找着新教室，一直
从一楼走到五楼，却没有找到我的教室。我又从上到下搜
索了一遍，终于在四楼找到了我的班级。我走进教室，却
看见已有人"捷足先登"，比我早一步到了教室，我真恨
我自己，为什么走得这么慢！我向她问好，她也有礼貌地
跟我问了好，我放下书包，与同学开始交谈。我和同学聊
得十分开心，我十分期待第一节的体育课，这可是我盼星
星、盼月亮想上的课呀！我爱上体育课！或者可以说，我
最喜欢我们的体育老师上的课。

体育老师竟然有了变动，我对这个新来的体育老师还

挺有好感的。他身后还跟着一个老师，长得超高，像巨人一样，我们都需要仰望他。

我们来到了热闹欢腾的操场，开始上体育课，我却漫不经心地看着四周，有人在跳绳，跳得极快；有人在跳远，先是晃了晃手臂，然后似青蛙一般跳了出去；有人在跑步，像脱了缰的野马，在跑道上狂奔；有人在打排球，排球一上一下的，看得我头昏眼花、眼冒金星；还有的人在三五成群地玩耍，有的在玩捉迷藏，有的在玩跳格子，有的在高兴地跳啦啦操，真是热闹极了！很快，欢乐的体育课就结束了，我们又回到了教室。

这个学校，我们只能待六年，不可能一直待在这里，所以，多看看校园的美好，把它当作美好的记忆，永久保存！

仗剑走天涯

——读《倚天屠龙记》有感

2018年10月30日，武侠小说泰斗金庸先生逝世，我为了缅怀泰斗，重温了一遍《倚天屠龙记》。

《倚天屠龙记》——金庸先生的著作，几乎无人不知，无人不晓。书中主要讲了一个名叫张无忌的少年，苦练功夫，最后成才的故事。

张无忌年少有为，年纪轻轻便已是明教教主，当年六大派齐聚光明顶，围攻明教。张无忌在与少林派高手打斗时，对方使出绝技龙爪手，不但没有伤到张无忌，反而被他用龙爪手取胜，众人皆服！

我认为，张无忌身上有一种不怕苦、不怕累、永不退缩的精神！在明教密道中，他苦练一种功夫——乾坤大挪移。最后，他出人头地，成了武林霸主。

这让我想到了班中的小李同学，他身材强壮，疾恶如仇，爱打抱不平，别班的人都不敢来招惹我们。因为，我们只需讲一句"我认识小李"，招惹我们的人就会被吓跑。

《倚天屠龙记》，仗剑走天涯！

金庸先生构筑的武林世界，让我们永远心生向往！

松的力量

礼物，传递亲情、友情；礼物，使人们的心贴得更近；礼物，使情意更加深厚。礼物，让我们感到愉悦！

小时候，父亲带我去登山，我怀着忐忑的心情开始了登山之旅。我一级一级地向上缓缓地前行着。父亲在一旁鼓励着我，我备受感动，仿佛有一阵暖流袭过，身上顿时充满了能量。我用力地向上攀登，慢慢地，我走不动了，在快到顶的地方坐了下来，父亲却坚韧地继续向前登，他登上了山顶，对我说："快上来，我给你看一个神奇的东西。"我有气无力地说："我——没力气了，你先坐会儿，我马上就登顶。"父亲说："好吧！快点儿上来！""好的。"

我休息了片刻，起身准备登顶。我一阶一阶地向上走。终于登顶了，父亲用手指了指身旁的松树说："这棵松树和其他的松树有什么不同吗？"我回答说："没有啊！"他严肃地对我说："你再看看。"原来，这棵松树的根牢牢地抓住了这块岩石。但是这块岩石上没有水分，也没有土壤，是什么使它立根在碎岩之中的呢？

爸爸蹲下身子，微笑着对我说："松树有着挺拔的身体，有着吃苦耐劳的品质，有着坚忍不拔的精神，这是很值得你学习的。这种坚韧是你缺少的，当你补足了这一点，便可战胜困难，打败挫折。你将不会被困难吓倒。"

在这炎炎的夏日，在山之巅，父亲娓娓道来，告诉了我这样一个道理：曲折和坎坷，是对人的一种历练；困难和险阻，若是跨过去了，就是你不竭的财富。我对松树的敬仰也由此而生，它是我人生的导师，它劝导着普通又平凡的我，激励着我奋发图强，展英姿，立目标，攀高峰！

"千磨万击还坚劲，任尔东西南北风。"松的勇气成了一份特殊的礼物，鼓励着我乘风破浪。

漫步田园

　　法国著名雕塑艺术家罗丹曾经说过："生活中不是缺少美，而是缺少发现美的眼睛。"我觉得用善良的心去看待世界，一切都是十分美好的。接下来，就让我们走进田园，发现田园中不可多得的美吧！

　　在田园中漫步，我不禁想起了孟浩然的《过故人庄》："故人具鸡黍，邀我至田家。绿树村边合，青山郭外斜。开轩面场圃，把酒话桑麻。待到重阳日，还来就菊花。"这就是让人与景融合，是一种美的享受。

　　走进田园，清风徐来，黄色中间杂着绿的麦田，也随风跳起了舞，让人想睡觉。油菜花早就谢了，只留下了菜籽，等待着我们去收割。我的朋友们呢？小瓢虫、小天牛都围着我转圈圈，转得我晕头转向！只见晚开的蒲公英死死地抱着降落伞，朝这边飞来，我想要抓住它，上蹿下跳，精疲力尽，躺在麦田中央。

　　漫步田野，我来到了飘香的果园。这里有我童年的美好回忆，我在这里闹过、哭过、笑过……

　　我在果园里奔跑，闻一闻这熟悉的味道，看一看这久别重逢的美丽！

一个个小果子展露风中，石榴穿上了黄黄的外衣，榴梿开出了一条缝，从中窥视着世界的一草一木。不过，确实是奇臭无比，大老远都闻到了！苹果羞红了脸，而香蕉呢，则伸长了脖子，在偷听草莓的对话。

果园、田野都是那样的美丽、迷人。

这种种美好在被我发现，被我探索。而罗丹想要告诉我们的，也定是如此！

那一刻，我感受到了读书之乐

书，一个普普通通的字，却是多少学者向往的圣物，它让人们沉醉其中！也真是这样，我也爱上了读书。读古人书，交天下士！

雨果的《巴黎圣母院》展现了丑与美的对比；柯南·道尔的《福尔摩斯探案集》揭开了一个又一个案件的谜底；林海音的《城南旧事》描写了一件又一件的童年趣事……这些书令人心驰神往，爱之无尽！

看书，是我一天中最喜欢做的事。每天，我都会抽出一两个小时来阅读课外书。如今，我已经读完了一些短篇小说……还有沈石溪的一些著名作品：《狼王梦》《兵猴传奇》《大鱼之道》《警犬拉拉》……

那天，我正在家中看《福尔摩斯探案集》《四个签名》第一章。一个装着木腿的人，终究没有逃过福尔摩斯的法眼，一些小伎俩被福尔摩斯一眼看破！经过对小细节的追逐，福尔摩斯最终找到了他们逃命用的船只，木腿人与他的同党被一网而打尽！真是天网恢恢，疏而不漏呀！

我十分佩服福尔摩斯，因为他对细节的把握，处理，思考，都十分到位。他的推理也十分准确，一旦让他查到一点儿蛛丝马迹，罪犯将会被快速抓捕！三个字：快，准，狠。在阅读时，我感觉自己就是福尔摩斯，但我通常不会去看答案，我喜欢自己推理，然后，看一看，我与福尔摩斯的差距！

读书使我快乐，也使我进步！也正因为如此，阅读影响着一个人的智力发展。如果你想要长见识，请多看书；如果你想更聪明，请多看书。

书籍是打开知识大门的钥匙，是引领人前进的灯塔，在你迷茫时为你指引方向！读书，让我感受到了无穷的快乐！

夏天在呼唤

春天已经过去了，酷热的夏日即将到来。春姑娘挥着手与我们告别，夏姑娘招着手向我们问好！夏天在呼唤！

"竹摇清影罩幽窗，两两时禽噪夕阳。"这是古人对夏日声音的认知。"知了，知了，知了——"蝉的鸣声震耳欲聋。这位高音歌唱家，仿佛正在演绎着什么！荷花绽放，露出了粉红的脸，似乎害羞了。山林中，溪水潺潺，泉水叮咚，松涛阵阵，清风徐来。"叮叮，咚咚。"似乎已经谱成了一首不朽的乐曲！

田野里，蛙声阵阵，燕子姑娘飞了回来，金蛉子也在不停地叫喊，雨下起来了，一滴、两滴、三滴……一滴一滴地滴着——"滴答，滴答。"雨下大了，天地之间愈发云雾迷蒙。我仿佛来到了人间仙境，让我流连忘返，陶醉在这天堂里！

除了这些美妙动听的声音之外，还有一些噪声在我的耳边紧紧地环绕着。

"咩咩咩。"几声清脆的羊叫穿过我的耳膜。一个身强体壮的男人正在放养区猎杀，一只、两只、三只……一只只无法反击的小动物倒下了。再也不希望在放养区听到小动物们发出的惨叫声了，动物在诉说，却无人倾听，这真悲惨。

"呜呜呜。"一个瘦瘦的男人正拿着电锯在砍树，却无人制止。这树不高，却是一份希望、一段成长、一个生命！但电锯声却划破了天际。这是人类自取灭亡，自作自受的行径吗？

夏天的呼唤，虽不是真的寄语，却是我们最最美好的回忆，这回忆我们将永久收藏！

陈梓萌

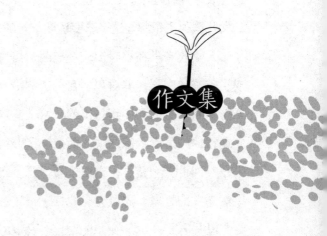

作文集

三年级作文

坚持不懈，才能走向成功

——观《摔跤吧！爸爸》有感

假如你是一个摔跤冠军，拥有一个严师爸爸，你会怎么想？假如你靠着坚持不懈的努力参加了全国女子摔跤大赛，在锦缎、国歌和奖杯的簇拥下，缓缓走上领奖台，你会为几年来的努力而流下眼泪吗？接下来让我们一起来了解一下电影《摔跤吧！爸爸》。

一个小村庄里，一户人家连续生了四个女儿。爸爸的摔跤冠军梦想差一点儿就破灭了，不过，爸爸相信女孩儿也能成为摔跤冠军。通过几年的努力，大女儿获得了金牌，二女儿获得了银牌。这个事实证明爸爸的想法是对的。

大女儿吉塔在小时候，曾把两个男生打得鼻青脸肿，成了爸爸的主要培养对象。在爸爸的带领下，她靠着自己坚持不懈的努力和多年付出的汗水，离世界冠军只有一步之遥，却因国际教练的误导而推迟了夺得冠军的时间。后来在一次世界大赛中，吉塔依靠自己多年来的经验，以及突然爆发的力量，漂漂亮亮地打了一场胜仗，多年的努力终究没有白费，一场胜仗，又让父女俩和好如初。

这件事让我想到了我的爸爸，他现在已经是单位的领导，可他仍然在夜深人静时加班，在清晨6点时起床工作，放弃无数个双休日组织会议和活动。他说，他想给我们全家创造更幸福的生活，也想趁自己年轻力壮的时候多实现人生的价值。就是靠着持之以恒的毅力，我爸爸的工作业绩非常出色，事业非常成功，也得到了所有员工的认可。

我也想像吉塔那样努力拼搏，向我爸爸学习持之以恒的精神。因为我深信，只有坚持不懈，才能走向成功。

雨的交响曲

雨的姿态千奇百怪，雨的交响曲是在四季中慢慢汇成的。

春雨总是淅淅沥沥的，如绸缎般轻柔。记得儿时的我总是会伸出舌头去品尝雨的滋味，雨落在我的舌尖，随着冰凉的寒气在我的嘴里化开。

夏天的雨是狂风暴雨，听姥姥讲，夏天是天公最爱发火的时候，所以雨下得很大，夹杂着电闪雷鸣，好似天公在暴怒。回想夏天的雨，它总是那样粗犷，雨水就像断了线的珍珠，不停地往下流，在道路上汇成了一条条相互交错的小溪，使人们寸步难行。

秋天，雨虽然小了一点儿，但还是非常冷，也常常把几棵可怜的小树折腾得东倒西歪，秋天的雨也是最潮湿的，每到秋天，人身上的湿气就特别重，如果去做一下艾灸，也许会有些好转。

冬天，冷如冰的雨滴在身上，好像是无数的冰针扎在你身上，让你疼痛难忍。遇到极冷的冬日，雨滴遇到空气便凝结成冰，挂在屋檐下成了冰凌，落在地面上成了溜冰场，拢在植物上成了玻璃面罩。

四季的雨，汇成了五彩缤纷的交响曲。

团圆中秋

灿烂的晚霞还残留在天空中，我已经站在阳台上，静静地等待中秋节的月亮。

终于，月亮徐徐上升，把银辉洒向大地。月光如水，她是那样柔和，那样皎洁。这一轮明月让我想起了那个古老的传说：相传，后羿取得西王母赠予的仙丹后，弟子逢蒙心生嫉妒，持刀威逼嫦娥拿出仙丹。嫦娥不从，情急之下，吞丹奔月而去。后羿思妻心切，在后花园摆上香案和蜜食鲜果，遥祭在月宫中的妻子。从此，每逢农历八月十五，百姓们也会在月光下团圆和祭拜，向嫦娥仙子祈求平安幸福。

"喂，萌萌，快来吃月饼啊！"

呀，若不是妈妈这样唤我，我还会继续沉浸在这个迷人的传说之中呢！号称"吃货"的我怎么可能对一桌子美食视而不见呢，尤其是桌上那个散发着诱人香味的广式大月饼更是让我口水直流。北宋大文豪苏东坡的一句诗——"小饼如嚼月，中有酥与饴"充分展示了月饼的魅力所在。我飞奔到餐桌边，和外公外婆、爸爸妈妈一起分享美食。

月饼入口即化，甜香软糯，一家人开开心心地边吃边欣赏窗外的月亮。可是这时发生了一件意外的事情，趁我不注意，爸爸将我手中的月饼轻轻掰掉了一大块，放入了他的大嘴中。看着爸爸得意地大笑，我一边追打着他，一边大叫："爸爸，你比《笑傲江湖》里的岳不群还要伪君子，趁人不备竟然搞偷袭！"爸爸笑着跑了几圈，突然，他得意忘形，一个趔趄，手中的一个大月饼飞了出去。我二话不说，一个箭步蹿上去，像狗狗接飞盘一样咬住了月饼。唔，山核桃味儿的，真香！全家人被我们的精彩演出逗得哈哈大笑，外公外婆和妈妈纷纷拿出自己的那一份月饼给我吃。我每个月饼都咬上一口，各种口味在嘴里融合，心里的甜蜜早就淹没了刚才的委屈。

晚上，我躺在床上，透过纱窗，看见月儿更圆更亮了。我依稀望见了月宫里的嫦娥在翩翩起舞，可爱的玉兔在她的脚边跳跃，不知今晚嫦娥能否和后羿团圆，她是否不再孤单……

四年级作文

冬缘

雪，无声无息地落了下来。大地，白茫茫的一片……

我喜欢冬日那场雪。你在我的舌尖慢慢化成凉凉的水，我感到有东西轻轻拂过我的喉咙，让我心旷神怡；你在我的发梢上停留，让我变成一个不折不扣的"白毛女"，我站在镜前，看着自己的窘相大笑不止；你落在我的睫毛上，成了一位红娘，让上睫毛和下睫毛成了亲——永远不分开，使劲一眨眼，你把睫毛都扯下两三根，逗得同学们一阵狂笑……

我爱冬日的梅。诗云："墙角数枝梅，凌寒独自开。"在寂静的冬日，只有梅花独自迎风傲雪，高冷脱俗。梅花色泽呈黄或呈红，这是比白色更加艳丽鲜明的颜色。梅花就是冬的舞者，在雪花的衬托下等待人们去欣赏它。

我爱冬日的鸟鸣。鸟儿们似乎在一片沉默中练起嗓子来了。这头"嘀咕"去，那边"嘀咕"来。两只身形娇小的鸟儿，一唱一和，像是在对山歌，又像是在互相传递着旧有的温情。一只鸟说："留下来吧！让我们一起欣赏冬日的美景吧！"另一只鸟说："跟我走吧，我们去追赶春的足迹吧！"于是，这两只鸟整日里纠缠不休，一只想留下来，一只又想飞走，时间一长，春天又来了，你们谁也走不了啦！

我爱雪，我爱梅，我爱鸟鸣！这一切，都是我与冬的缘分……

未来的房子

2032年，我们的房子已经非常智能了！

在一个院子里，百花齐放。你会很奇怪，为什么这明明是冬天，可鲜花还开得这么鲜艳呢？那是因为每户人家的花园里都装有无形的气流罩。气流罩里可以储存夏天的很多能量，还可以在花儿缺水的时候主动连接房子里的自动水管给花儿浇水。

房子的百叶窗上挂满了各式各样的许愿瓶，瓶里放着一张张英语纸条。偷偷告诉你哦，其实这些纸条都是监控器。这样不仅美观，还可以监视人的一举一动，发现异样立刻向户主汇报。

走进门，轻松悦耳的音乐播放起来，音乐能根据户主的心情更换风格哦！

客厅里的家居用品都是藏在地底下的。只要说出需要物品的名称，你需要的物品就会从地里冒出来，但是地板不会有一丝破损的痕迹。

这所房子的墙壁会随着四季交替而更换。春天，墙上有两只黄鹂鸟，面对溪水站在柳树的枝头上对唱。所有的家具都是清一色的嫩绿，就连灯光也淡粉淡粉的，像置身于樱花林中。夏天，整所房子变成幽幽的梦幻蓝，灯光是那么柔和，让人心旷神怡。秋天，浪漫的红叶将房子掩盖，随着秋风不停地旋转跳跃。冬天，白雪皑皑，红梅绽放，我们就像走进了梦幻花园。

这就是未来的房子，它是科技的伟大的创新。

凌波仙子

"凌波仙子生尘袜，水上轻盈步微月。"凌波仙子就是水仙，《遵生八笺》称："因花性好水，故名水仙。"

水仙，不像岁寒三友那样傲骨，也没有菊花芬芳的香气，更不像花中之王牡丹那样的雍容华贵，可是它的传说却是非常动人的。

在古希腊神话中，水仙是由一个古希腊美少年变的，叫纳喀索斯。但他性情孤傲。水妖把他变成了一个爱上自己的人。有一天，纳喀索斯扑向了自己在水里的倒影，他的灵魂变成了那孤独的水仙，冷傲而优雅。

水仙花的茎分成两种：一种是块茎，还有一种是根茎。根茎长长的，像裙子上的流苏，也像老爷爷的白胡须。而块茎状如大蒜，内含毒素。它的叶非常饱满，如同仙人掌，只消轻轻一捏，汁水便会缓缓地从裂口中流出来。水仙花的颜色分白、黄两种，品种分双瓣和单瓣。白色单瓣的水仙如同白玉，远远望去，亭亭玉立，好似一位被白雾笼罩的仙子，正站在雨中，手持一把鹅黄的油纸竹伞望着你。怪不得要叫水仙"凌波仙子"呢！

水仙不仅漂亮，还可以净化空气，其浆汁有毒，含拉可丁，可作为外科镇痛剂，为人类做贡献呢！

水仙冰肌玉骨，洁身自爱。虽不能与岁寒三友并列，却能与红梅一样在寒冷时节绽放。这种品质，也和岁寒三友一样……

骊山风光

"不会吧，骑马？"我摸着硬邦邦的马垫大叫道。这样上山，屁股肯定会疼的。"小姑娘，你别看马垫硬，坐上去可舒服呢！""那我……"话还没说完，爸爸就不耐烦地把我推上马："出发啦！"

上了马道，一边是峭壁断崖，一边是苍茫古林，我的身子一晃，差点从马背上摔下去，而且还是向峭壁断崖的方向摔。吓死我了！这样一来，我开始"晕马"了。

再来看古林景色，因为是盛夏，所以古林整体呈古铜或墨绿色，近看，这些颜色豪放的叶子，长得却挺"标致"的，叶脉清楚，一丝不苟地生长着。这时，天上下起了小雨，小雨一下，眼前的景色开始变得朦胧起来，像迷幻的世界，像水粉调出的色泽一样浪漫。看雨中的树叶，我的眼里布满了雨水，迷迷糊糊的看不清楚，硬是把树叶看成了上等丝绸。

雨终究是停了，而此时，山林里一片清爽，再没有之前的朦胧之感。蝉的叫声更加洪亮了，鸟儿的啼鸣更加高亢。

前头的石缝里，伸出一根嫩绿的小枝条，上面有着刚刚被雨水洗净的小野果，我摘下一颗塞进干渴的嘴里，顿时嘴里水润起来，喉咙里也被甘甜的味道所充满。

骊山确实是聚集天地灵气之地，不然秦始皇怎么能看中这里，把它作为自己的皇陵所有地呢！我爱骊山美景！爱它的灵秀之气！

春韵

春天像绵软的纱布，轻轻抚摸着众人被冬天冻得干燥暗沉的脸庞。夏天是狂躁的火神，在大地上铸剑。秋天是浪漫的代表，用黄叶点缀自己的宫殿。冬天是冷漠的女神，她有许多伤痛，却不想让世人知晓，只好在自己的盛宴上用雪花掩藏悲苦和怨恨。

我喜欢春天。

春暖花开，被冷漠女神冻住的生物，都变回了常态。

林间是最明显的。

与朋友一起去山林里漫步，朋友随口说："你文笔那么好，来一句诗呗！"我欣然接受，说道："山鸟对唱比林涧，春色不知是瑶仙。"

朋友鼓掌，说："你的脑袋里怎么全是这些优美的文字啊？教教我呗！"我半开玩笑半认真地说："春天来啦！不仅小虫儿苏醒了，大脑也正常运转了。"说完便开溜了。只听得后面的朋友佯装大怒，吼道："你又忽悠我！看我怎么教训你！"

我大笑着跑进了林子的深处。

跑累了，两个女生坐在地上，看着头顶细碎的阳光，也看到了抽出的嫩芽。它是那么绿，在阳光的照耀下，闪闪发光，体现了春天的生机勃勃。不远处，两只黄棕色的小鸟正在那里你一句，我一句地说着什么。"原来你的诗句是由实物创作出来的啊！"我没有回答，正看着小溪发呆。溪里有许多快活的小鱼儿在嬉戏，春天真的来了呀！溪里倒映着蔚蓝的天空，看见有几只鸟儿不紧不慢地飞过，看起来逍遥极了。我心里暗想：它们不会是要请导游来讲解吧！

春天，到处都可以找到它的身影。

晚霞·秋冬·白鹭

深秋的湿地公园，清新、凛冽的空气令人精神为之一振。天空，已经是五彩的，有大红，有梦幻紫蓝，有蟹黄橙，有桃粉色，还有水晶紫。

镜湖上倒映着白鹭高飞的身影，以及绚丽的晚霞，偶尔有调皮的小鱼掀起圈圈涟漪，令这幅巴洛克风格的油画更加鲜活。

几只白鹭，飞在这片色彩之中，雪白的身影在锦缎中划过，好似身穿白衣的大家闺秀，被一群婢女环绕着，仪态万千地飘过。

俄而，风起。

黄叶飘落，遮住了那些南迁白鹭，只能听到她们的鸣叫声。一会儿，只看见几行白鹭从世茂高楼的楼顶擦过，向高空冲去，消失在视线里。此时的天空，已经变成了暗紫色，像被天上仙女的轻纱盖住了，也遮住了白鹭的去向。爸爸说，它们要去更温暖的南方过冬。看着第一批南迁的白鹭，我的思绪也随着它们越飞越远。

秋逝，冬来。

湖水间，很少能看到飞得欢快的白鹭了。仰望蓝天，透过枯枝，一切都是空荡荡的，缺少了那些亮丽的白色，风景变得岑寂枯索，不再活泼跳跃。

梅花娇嫩，傲立枝头。白鹭何时才能回来呢？或许要等到樱花相迎吧？白鹭会回来"赏樱"吗？我想，它们一定会的……

一剪寒梅，孤芳自赏

天空中，晶莹的雪花在翩翩起舞，给大地铺上了一层白地毯。我穿得像只企鹅，在雪地里深一脚浅一脚地前行。沿途，都是白茫茫的，平淡无奇。

突然，我眼前一亮，不远处，一枝红梅正抵着风雪，傲然挺立。我走近一看，梅花半开半闭，仿佛是不愿意见人的小姑娘，正羞答答地偷望着你。

我喜出望外，赶紧折了一朵颜色鲜红、结着晶莹透亮花苞的蜡梅。我小心翼翼地护着那朵梅花回家，插进一个精致的小花瓶里。那个花瓶呈淡蓝色，颇有几分冷傲，放在一起很配。望着梅花在小花瓶里慢慢地融化着花瓣上的冰凌，我冰冷的心，也随之慢慢地融化。

又过了一天，我看见那株梅花已经有一片花瓣绽开了。

我欣喜若狂，把这件事向所有能告诉的人都说了一遍。那些人要么说我脑子不好使，要么就给我脸色看，觉得我很矫情。可我心里不以为然，我欣喜，我激动，心里还有隐隐的期盼，期待着剩下的几片花瓣的开放。

又过了数天，我来到了窗台边，"呀"的一声叫出来。我笑了，笑得合不拢嘴。那株梅花，是顽强的，它在冬季最寒冷的时刻开放，经过一个严冬的考验，仿佛磨砺出了人间最艳丽的颜色。望着它的开放，全世界似乎都热闹了起来；望着它的开放，仿佛整个冬天都苏醒了；望着它的开放，我的心灵渐渐温暖了起来……

一剪寒梅，孤芳自赏，但是它顽强的意志，温暖了所有人。

五年级作文

白雪

白，就是白，永远都无法被黑所浸染，被黑所同化。

冬，雪落了下来。街上的行人个个都把手插在口袋里，埋着头匆匆地赶路。

我在西园观雪，看着雪花轻舞，痴了、醉了。落下来时纯白，在空中旖旎袅娜，好似身着白纱的舞者，轻盈自在地舞蹈，随风摇曳，久久不愿落下。可是，等到了泥地上，立即就被玷污，沾染了泥土的乌黑，然后在下一秒融化成了污水。

莫名地，我的情绪开始低落。

此刻的我，无比憎恨这污浊的泥土，厌恶这泥土的黑色，同情这纯白而弱小的雪花。我们的人生不也是这样吗？小时候，天真可爱，心直口快，没心没肺，正像那空中舞蹈的雪花。可是再美的舞者都会有被取代的那天、会有落地的那天。长大后，我们之前那毫无瑕疵的心灵，也许或多或少，都会染上那些颜色。我们开始戴上面具，开始世故……

思绪起伏间，蓦地发现，远山已经雪白，近处玉树琼枝，就连脚边那可恶的黑泥地也披上了一层白纱，仿佛变得圣洁了起来……终于，顽强的白色精灵彻底覆盖了大地，世界安静了，冰雕玉琢，就连空气也变得通透。

我想，我开始懂雪了。白，就是白，永远都无法被黑所浸染，被黑色所同化。唯有坚守本心、坚定我心本白，又何惧外界的各种颜色呢？

我知道，白雪很快就会融化，这是因为她不愿与黑纠缠。宁可重归大气，他日东山再起。但这片雪白已经留在我的灵魂深处，我知道我们一定会重逢。

惊蛰

一声雷响，唤醒了所有蛰伏于冬日的万事万物。

那声惊雷，似乎震散了她锁上的记忆中蒙着的厚厚的灰尘。

她还小的时候，最怕的就是惊蛰时分。晚上睡着觉，都会被雷声吓醒，然后开始哭。但她父母上的都是夜班，自然听不见她的哭声，且平时总是有一搭无一搭，冷淡得很。父亲更是喜怒无常，一喝醉酒就要打她。

她一直努力读书，成绩很好。但她明白，自己的成绩，只不过是想让父母高兴。她觉得爱才是最重要的，其他的事，都是小事。

慢慢地，她变得蛮横起来。父母都不关心自己，她干吗硬撑着第一呢？

直到一个新老师的到来。

那天，第一次见到那个老师，她还以为是个大学生，猜想应该是来听课的吧。她这样想着进了教室。然而，来给他们上课的，就是那个被她当成大学生的人。

那个新老师是教语文的。

她看着新老师，感到了一种亲切感。新老师很关注她，每次都会把她乱写的作文视为珍品，打成电子稿发给群里的家长们，说感情真挚、语言朴实，但内心之想很深刻。

她总觉得老师在故意鼓励她，她从老师身上看到了妈妈该有的样子：温柔，开明，活泼。她喜欢这个老师，这个老师是她至今见过的最好的老师。

她在这个老师的鼓励下，一路表现优异，考进了重点高中。她一直乐观向上，再也没有因为父母的冷淡而苦恼。

后来，她接到那个老师的电话。

"知道老师叫什么吗？"

"不知道。"

"说出来不许笑啊，老师叫惊蛰。"

"真的？"

"嗯，没骗你。孩子，惊蛰这个节气是不是会打雷，惊动了很多动物？而每种动物都会在惊蛰后以新的面貌出现，你，也该彻底走出阴影了。"

从此，她不讨厌惊蛰了。

相反，她爱上了雷声。

迷茫

人人都在迷茫，

没人看得到世界的尽头，

没人看得清人间美丑时，

他们称此为"迷茫"，

欺骗自己……

——题记

每一个人，都会有迷茫的时候。

花开花落，人生迷茫看不清；阴晴变化，前途迷茫难自觅；冬去春来，业绩迷茫难以找到突破口。有这么一拨人，他们时时刻刻都迷茫，疑惑重重，但始终不敢面对，不敢回答。他们怕，还未有结果，自己就坠入人生的谷底。他们怕输，他们输不起。表面看上去成熟、自信、稳重的，且很有王者风范，但隐藏在他们背后的"另一人格"，或许是懦弱的，是不堪一击的。

不敢直视问题，不肯接受失败的人，往往会把问题抛给自己身边最亲近的人，或者把自己因为迷茫而产生的莫名其妙的怒火发泄于他人，受害者往往也是自己最亲近的人，他们莫名其妙成了前者发泄的"垃圾桶"。怯懦者无法摆正自己的位置，要么眼高手低，要么脆弱自卑，情绪阴晴不定，无法掌控自己的脾气，随意发泄，最后导致自己最亲近的人离自己越来越远。他们越孤独，就越迷茫，越发隐藏自己的卑微和不自信，内心也随之变得更脆弱。

还有一种人，他们也会迷茫，但是，在迷茫过后，他们敢于正视，敢于找到突破口，敢于去改变自己。而不是像前者，绞尽脑汁地去逃避。他们会总结过往，适时调整自己的心态，抛却所有的包袱，重新出发。而不是像前者，不敢面对，不肯认输。一路上，他们收获了很多，拾起了许多，却也在必要时放下了许多。一路上，他们也遇到很多困难，面临许多抉择，虽然每一样东西都曾让他们爱不释手。这就是人们说的"拿得起，放得下"。他们也低声哭泣，有时甚至捶胸顿足，但是边哭边安慰自己没事，虽然不能回头但可以反思，擦干眼泪后，他们又是一个强大的自己。这样的人，绝不会装出自己不想看，却讨人喜欢的面孔，绝不会隐忍却伤害自己。

我告诫自己始终要记住，今天过去了，明天就做新的自己。

不必再纠结昨日的事，可以迷茫，但是不可以逃避。

勇敢面对，才是人生第一法则。

隐形的翅膀

每个人都有一对隐形的翅膀，它会带你飞向高处，它会带你成长。

小时候，我们全家去山上玩。我正兴致勃勃地爬着，就听身后有人唤我："萌萌，下来，休息休息。"我不耐烦地转身，踢开脚边的黄叶，往下走，一边走一边抱怨："天那么舒服，还休息，搞得自己很弱的样子！"看着爸爸妈妈那复杂的眼神，我竟然一点儿也不羞愧。休息了半晌，我们又往上爬，结果妈妈要我转过身来拍照，我很不爽地抽了抽嘴角配合了一下，算是完成了一项非常巨大的工程。爬上了山顶，我们见到了一朵彼岸花，父母便停下来，说要欣赏这朵彼岸花。我却自顾自地向前走去，父母因为害怕我出什么事，所以只好赶紧跟上我的脚步。

那天，因为我的坏脾气，全家都不开心，彼此都不怎么说话。

长大了之后，我学会了掩饰自己。

那天考试，我才考了89.5分。看到红色的数字刺目地扎着眼睛，我直接怔住了。可在教室里我不敢哭，只好躲进厕所大哭了一场。回来时已经上课了，老师看我眼圈红红的，就问我是不是哭过了，我勉强挤出了一丝苦笑，说："没有，刚刚拉肚子了，蚊香的烟熏眼睛，所以揉了几下。"老师看我这么说，也没有说我，让我下次不要吃坏了东西，然后放人了。我回到位子上，心想：幸好我没被老师看出哭的痕迹。小时候，你的翅膀还很柔弱，禁不起风吹雨打，所以那时候，你只懂对别人坦白。等长大了，你的翅膀逐渐丰满变硬，你会拥有自己的一片天空，所以你会像《呼啸山庄》里的希思克利夫一样，懂得要面子，所以你会变成一个善于掩饰自己的人。然而，这种掩饰并不是虚伪，而是你隐形的翅膀带你飞向了另一个境界……

良知，真善美

——观《辛德勒名单》有感

《辛德勒名单》，是妈妈一直推荐我看的一部电影。它和《美丽人生》一样是讲述犹太人屠杀，只不过，《辛德勒名单》讲的是良知，而《美丽人生》讲的是世间最美的谎言。

《辛德勒名单》主要讲的是：辛德勒——一个工厂厂长，他在人群中有很高的威信，于是便雇用了大量的仆人，肆无忌惮地挥霍金钱。然而在战争中，他看到了一个红衣小女孩儿，孤独地在人群中穿梭，小女孩儿那无助、对这个世界充满恐惧的眼神，激发了辛德勒善良的一面，他的良知，从被思想囚禁的地方解放了出来……

在这里，我想说说这部电影的主角——辛德勒。他一开始，给我们一个很不好的印象，他名义上说是给犹太人一个家，却让犹太人无休止地干活。可是他看见许多人无家可归时，他才知道怎样才是真正地爱他的员工。若是把原来的他比作撒旦，那现在的他便是救世主，人人都爱戴的救世主。

辛德勒让我联想到了东野圭吾《解忧杂货店》中的人物：翔太、敦也、幸平。他们原是三个小偷，为了躲避警察的追捕，不得已进入了解忧杂货店。他们模仿店主的字迹，为一封又一封的提问信件解答。不觉天晓，他们怕警察搜过来，只好再次走上了马路。这次，他们打劫了一个叫武藤晴美的老板。但是翔太发现武藤晴美就是曾经向他们提问过的"半途的小狗"，并且在她的车里，看到了感谢他们的信件，感谢他们的解答，这是她的成功。翔太他们热泪盈眶，原来，他们也能做一个优秀的人。于是，他们便主动自首了。

我想，是那封信，改变了他们，让他们找到了匿藏在心底的良知吧！

在冬的小城约会

我走在街上，突然寒风呼啸，朝我迎面扑来。我意识到，冬在我毫无防备的情况下，进入了我的心房，住进了我的世界里。

雪花片片，在道路上结成薄薄的冰，绍兴俨然成了冬的小城。

寒风拽着我的衣领，把我拖进了咖啡馆，迫使我买了杯巧克力可可。

我向四周望去，许多人都捧着纸杯，机械地喝着咖啡，双眼空洞，仿佛所有记忆都被寒风吹掉了。冷呀！小孩子们则在椅子上爬来爬去，不断地向窗口哈着气，用手指在上面画着小狗小猫。我微微一笑，小时候，我也经常这样，在玻璃窗上写英文单词。

"想什么呢？"刚刚被寒风冰冷过的身体终于开始升温了，"没，没什么。"我胡乱驱赶着旁边的空气，寒风终于不再出声。

再不到家我就要冻成冰雕了。我这样想着，又疾步走上大街。

雪花飘下来，落在我的肩上、头发上。我可能过不了多久就会变成白毛女了。我加快了脚步，向家的方向赶去。

半路上，我被路边男孩儿扔的雪球砸了一下，原本黑色的羽绒服上直接印了一朵白花。耳边充满了寒风的讥笑，我不再多想，快步走回了家。

我与冬天有个约会，我与寒风有个约会，虽然这是个冷酷而没有温度的约会，但是这是四季中最独特、最深刻的记忆。

校园的教学楼

走进校园，你会看到一座模仿绍兴水乡白墙黛瓦的建筑，或许你会感到惊奇，在校园中怎么会有水乡的建筑呢？其实那是我们的教学楼。

顶着烈日走进教学楼，立刻会感到一阵凉爽，夏日的灼热，顿时烟消云散。

走廊旁是一间间干净明亮的教室，教室中的桌椅都摆放得很整齐，或许你还能见到一些供上课使用的课本，已经提前端正地放在了桌上。而教室的各个角落里，都放满了生机勃勃的植物，每一株植物都笔挺地立在那里，就算是那幽静柔美的花，也透出一丝丝的刚硬。

上课了，老师们迈着轻快的脚步，手中抱着不同科目的课本或是试卷走进自己任课的教室。不管怎样，同学们总是坐得直直地等待老师，他们没有因为这门学科并非自己所爱而不认真听讲，也没有因为要考试而显得无精打采。

很快，整个教学楼便被学习的气氛笼罩了。同学们完全被知识吸引住了，每个教室，无论上什么课，同学们都非常安静，目光聚焦到老师的身上，没有移开自己的视线。慢慢地，同学们会觉得一节课的时间好短好短，有时，还会要求老师再多讲一会儿。

时间过得飞快，就像田径比赛的冠军一样，丝毫不给人超越的机会。很快，下课铃响了，同学们又像潮水一样从教室里涌出来，把紧张的心情稍作放松，准备在下一节的课堂上超越自己，做更好的自己……

晒晒我们班的"牛人"

都说每个班级都有"四大天王"，那么"牛人"一定也不少吧！今天我就来向大家介绍介绍我同桌，他就是我们班的"牛人"。

学生爱上课说话，足以让老师抓狂。他的话多到每次上课，都会让我、老师、同学们抓狂。每次都是老师上课上到一半的时候，把他"请"到上面去坐着。记得有一次，我同桌和他前面的同学一起发表长篇大论，害得正在做题的我刚有了思路，又立刻被打断。结果，这一节课，差点儿用光了我一卷修正带。

他爱写小说，足以让我抓狂。我同桌不仅天生爱说话，还特别爱写小说。最近，班里正流行写小说，我同桌也在里边儿掺和。有人挑衅说："我看你平时也不写，怎么还到处吹牛呢？"他勃然大怒："别在那里乱说，我明天就给你带来！"第二天，我同桌真的带了五六本他在写的小说，在桌上一一排开，再加上他的课本和铅笔袋，"战线"就拉到了我这儿，占了我大半张桌子。我上厕所回来一看，结果可想而知……课本什么的全都被挤到了地上，逼得我差点发飙。预备铃响了，一个同学走过来，说："真为你有这样一个同桌而感到难过。"

他爱损人，足以让全班抓狂。话说我同桌很爱损人，他的名声早已传遍"大江南北"，就差那么一点点就被归入"四大天王"了。可能谁得罪他，他就要损谁了。上一次我前面的同学跟他吵了一架，他就讽刺那位同学。话说得实在难听，甭说我，全班都受不了。

好吧，就先说到这儿。我同桌最爱气我，每天我都会为此抓狂N次，大概只有等换了座位才不会再受其干扰吧。

最后

或许，我们会遇见许多人，也会离开许多人，但，分别时送的礼物，是最真挚的礼物。

一次偶然的机会，我成了她的闺密，她叫馨。

那天上课，她小心地叫了我一声，向我借半块橡皮，我当时就笑了，哪有借一半橡皮的，我没有，把橡皮扔给了她，她朝我一笑，转头写作业去了。我从来没见过这样发自内心的笑容。

从那天起，我们就成了形影不离的好朋友。

馨通情达理，虽然偶尔会向我撒个娇，其他都挺好。我常给她讲题，她也在我难过时安慰我，鼓励我勇于面对挫折。

一个学期很快过去了，新学期来临了，我走进教室，满怀期待地等着闺密的到来。然而，老师都进教室了，馨还是没有来，我有点急了，不停地向其他同学询问馨的情况，可是并没有得到确切的答案。

放学了，我步履沉重地回了家。

站在门口，我看着那大门，上面奇异的纹理造型突然让我感到很不舒服。似乎所有的事物都在嘲笑我丢失了朋友，抑或又冷漠地勾起嘴角，朝我冷笑，围观我的无能。

"丁零"，一阵风铃声传入我的耳朵，我低头一看，一个钩着一串风铃的帆布袋子挂在门把手上，上面用娟秀的字体写着"致闺密——馨"。是她吗？我的心狂跳不已。

我打开帆布袋，里面是一个笔记本和一盒复古的欧式羽毛笔。我打开笔记本，只见上面写着："我转学了，记得这些都是你曾经看中的，先送你这些吧！"

泪水模糊了我的视线，我哽咽了。

我不能送你什么，朋友，请把这眼泪当成我的礼物吧！

友谊永远不会被吹散，记忆中一直有你的角落。

我和影子，只差颜色

——观《影》有感

那天，从影院出来的我有些头晕，那种复杂的人际关系第一次出现在我看过的电影中，使我明白了，什么是官场争斗。

这是一个关于"影"的故事：替身自古有之，人称"影子"，有刺杀，就有影子，在危急关头挺身而出，为主人搏命，但又必须与真身融为一体，令旁人真假难辨，如孪生兄弟一般。关于"影"的来龙去脉，真身总不愿提及，令真相扑朔迷离。沛国都督子虞，被杨苍击败负伤后，启用"影子"，而境州为了自由完成了原本不能完成的使命。

这部影片中最有心计的莫过于子虞了。虽然沛王敢与子虞互相算计对峙，但与子虞比起来还略显单纯，缺乏谋略。子虞同沛王一样，野心很大，大到如果给他一支精锐，他就敢攻打境州，但同时，他也有遗憾，他自小就找好了替身，在他负伤时替身就被起用了。他难道就没有羡慕过替身在朝中的风光，想过自己只能在阴暗的密室里指挥的悲惨吗？他一定也想念过自己的官服，垂涎于沛王的王座。他将悲化成恨，又将恨化成野心，他想登上王位。他肯定认为，境州永远不可能当王，但最后，他是"聪明反被聪明误"，因为野心而送了性命。

《影》这部电影，告诉我们一个道理：有些时候，心计少一些，野心小一点儿，不一定要做众人中最好的，只做最好的自己。

虾仁炒蛋

我最爱的美食就是虾仁炒蛋了。父母平时说我嘴很刁，为了防止我不爱吃菜，父母就会变着花样给我做菜。那时的我，不知不觉点了一道虾仁炒蛋，没想到就爱上它了。每一次，我都会沉醉在虾仁的晶莹透亮和鸡蛋的金光灿灿中。

做虾仁炒蛋的步骤固然简单，却丝毫不影响它那令人回味的滋味，就如一位素雅质朴却很有气质的大家闺秀一般，即使毫无点缀，也能体现内在之美。做法如下：准备3~5个鸡蛋，把鸡蛋磕入碗中，搅拌均匀后倒入适量的料酒，然后把速冻虾仁倒入水中解冻，接着把虾仁切碎。最后，两样主料便可以放入锅中了，务必先放虾仁，听父亲说虾仁不容易熟透，所以鸡蛋液只能等虾仁半熟时才能倒入，倒入鸡蛋后，要放约半勺的盐，不停地翻炒，以避免鸡蛋变成饼状，小火炒5分钟之后便可装盘。不过要注意的是不要炒太长时间，上一次朋友来家里，我多炒了一会儿，盛出的虾仁就又硬又焦，口味欠佳了。

一盘美食就这么出锅了，配一个纯白的西餐盘，可以把美食衬托得更好看，色、香、味俱全。我迫不及待地夹了颗虾仁粒放进嘴里，缕缕清香顿时在我的嘴里荡漾开来，直沁肺腑，而这虾仁又软又弹，有一种咬橡皮糖的味道，又感觉它入口即化，根本不给人一丝回味的空间……

现在，虾仁炒蛋已经成了我待客时必备的一道菜，可见我对这道菜的痴迷与热情。

文学之美

你喜欢李清照的"常记溪亭日暮"，还是喜欢陶渊明的"采菊东篱下"？你喜欢李白的"花间一壶酒"，还是喜欢苏东坡的"大江东去，浪淘尽"？你喜欢纳兰性德的"聒碎乡心梦不成"，还是喜欢王安石的"明月何时照我还"？

文学，有它不可替代的美。

回首一看，有多少名家写下的诗歌、文章让人读来意犹未尽，有《少年中国说》这样激情澎湃的誓词，有《再别康桥》这样优美的诗篇，还有金庸等武侠小说家的经典小说，足以证明中国文学的群星闪耀与辉煌。国外的小说大都言语平实，意思简单明了。东野圭吾的《解忧杂货店》唤醒人的内心，雨果的《巴黎圣母院》深度地刻画了美与丑的代表，也刻画了"金玉其外，败絮其中"的许多反面人物，风靡一时。《简·爱》塑造了一个敢爱敢恨的女子形象，从而反映了当时的社会现状，一个孤女要在社会上自食其力很难，要得到社会的尊重不易，可是简·爱凭着一身傲骨和知识赢得了罗彻斯特先生的爱情和尊重，是当时的女性内心渴望平等尊重的反映。

任何文学作品，都有它自己的韵味，只在于你读不读得出来而已。一本你童年时觉得索然无味的书，或许到你长大之后，便会爱不释手，百读不厌。

记得我小时候最爱读的就是那种故事性很强、幽默风趣的小说，到了八九岁时，开始看蕴含深刻道理的小说。而现在，我慢慢对哲学和心理学的书籍感兴趣，喜欢看林清玄、梁实秋、余秋雨等大家的散文，也爱看陈果的心理学著作。因为时代在变，对文学之美的感悟也不一样了。

文学，是一种看不见的美，每个人领略的美也不一样。

那一刻，我感受到了力量

谁说关怀一定要大声表达出来，无声的关怀，其实也很美丽，甚至更让人感动。

那天，正是数学测试，这次测试很重要，而且平均分也是要算进去的。

我们在"唰唰"的写字声中默默思考，在"沙沙"的翻卷声中感受到了紧张，所有考生都在奋笔疾书，我也不例外。

本以为自己能考到95分以上，结果试卷发下来时，我直接"疯"了。90分！这是我史上从来没有过的数学期中考最低分啊！

拿到试卷，我幻想丢分的两道应用题是老师扣错了，或者是我能提笔在90后面再写一个加10。100分多好啊，没人来责备你，还会嘉奖你。

我收了试卷，头埋在臂弯中，肩膀都在颤抖，真是伤心到了极点。正当我准备放声大哭时，一只手在我的肩上不轻不重地拍了几下，随后，便传来了一声轻柔的安慰："别哭了，这次考不好，还有下一次呀，况且你成绩一直那么好，偶尔失败一次又算什么，以后有的是机会，下次考好嘛，一次成绩又不能决定你的人生，来日方长，虽然没有后悔的机会，但你还有蜕变的机会呀！"

我泪眼蒙眬地抬头看了看，是我最好的朋友，她很善解人意。于是，我的情绪瞬间稳定了下来，耳边不再是听了刺耳的100分，而是朋友的那句："虽然没有后悔的机会，但你还有蜕变的机会呀！"

那句话，给了我自信。

是啊，只是那小小的一瞬间，一句简短的话语就照亮了我的心扉，给予我力量……

一路向西

暑假里，我去了青海。一路向西，越远越美，最值得回忆的，还是茶卡盐湖。

早上5点多，我被朋友推醒，睡眼蒙眬地被拉到了茶卡盐湖。本以为我会在半路上睡着，可是神志却事与愿违，偏偏在这个时候越来越清醒了。

早上的青海还是很冷，一下车，一阵凉风伴着一股淡淡的咸味儿扑面而来，我下意识地裹紧衣服，却又抵挡不住地嗅着那股夹杂着凉风的咸味儿，直到自己已经完全习惯。

我们搭上了去盐湖的火车。沿途，总算是见识了"天空之境"这个称号并不是白给的，甚至，比"天空之境"更美。

看着那静谧的湖面，仿佛像一面镜子，倒映出拂晓时那天空的梦幻，又像一面玻璃，丝毫没有修改天空的色彩，只是单纯地把天空染在了大地之上，让人不敢把一颗石子儿掷进湖中，怕坏了它这份平静祥和。静若处子，波澜不惊。

再低头看轨道，发现轨道的下方都是一粒粒盐晶，被初晨的阳光一照，似乎透明了，又仿佛拿在手中，就会立刻化掉。给人一种捏轻了会掉、捏重了会碎的感觉，只得小心翼翼地捧着，生怕一不小心它们就会滚落到地上，再也找不着了。

朋友开玩笑说要多拾几粒，这样便可以在广大的星河——盐湖中不迷路。我不当她开玩笑，认真地回答，若是要让盐晶做记号，恐怕回来时已经找不到了，所以，还是越走越远好了。

茶卡盐湖是静谧的，静谧的美，是独特的。

若使棍棒能成材

《礼记·学记》中曰："玉不琢，不成器。"真是这样吗？

最近，有一个问题经常困扰着我：棍棒也能成材吗？如果是真的，不是有一些学生放弃了学业开始厌学了吗？如果是假的，也确实有一些顽劣调皮的孩子，最终考上了清华北大或者国外的名校，最终成为某个领域的栋梁之材。

而我，在经过深思熟虑后，觉得棍棒的确能成为有用之才。

论点一：开始的不好，并不是永久性的。

如果把"棍棒"看成是学校里那些不爱学习的学生，或者是单位里业绩倒数的员工，那么"材"，就是学校的尖子生、单位的台柱子。总的来说就是核心人物。可是，并不是所有"不好"都不会改善。那些坏习惯或多或少都会随着年龄的增长而改变。就像你在三四岁的时候做过的所有理直气壮的事，等到你十多岁时再去想，绝对会忍俊不禁，笑出眼泪来。因此，你的坏习惯会随着你的成熟而慢慢消失。取而代之的，你的好习惯会越来越多。所以，很多坏习惯不是永久性的，是可以改变的。棍棒是可变成栋梁的。

论点二：磨砺让棍棒华丽转身。

玉不琢，不成器。原料在成材前都要认真雕琢。人只有经历了千锤百炼、千难万险，才能成为栋梁之材。吃得苦中苦，方为人上人。唯有经历常人所没有经历过的磨砺，才能出类拔萃，才不会泯然众人。

论点三：每个人都是栋梁之材。

在不同的环境中，需要不同的人才。柱子，是房屋的栋梁；牙签，是牙齿的栋梁；筷子，是餐桌的栋梁……每个人都有最擅长的一面。我们不能以狭隘的眼光去定义栋梁之材的概念。一定有一个领域，会让你发光发热。在这个领域，你的优秀是他人无法企及的。

因此，棍棒一定能成材，唯有找准擅长的领域，经历千般磨砺、万般锤炼，忍受常人无法忍受的磨难。或成牙签、或成筷子、或成梁柱，总有一款适合你。

爱的炒饭

凌晨5点，我看着微微亮起的窗外，睡不着了。我的耳边充满了打蛋的声音、油锅"吱啦吱啦"的声音，所有声音混杂在一起，形成了一支独特又充满爱的曲调。

我偷偷溜下床，躲在墙边看着父亲的背影，突然感到平时看起来很强壮的身影，此刻却变得特别单薄。但他总是强撑着，从来没有抱怨过什么。长年在职场上打拼，晚上坐在电脑前写材料，使他苍老得更快了。眼下，父亲头上已有了少许白发，但在我们面前依然像十年前那样快乐。

想到这儿，我不禁鼻子一酸，不愿再看。我回到床上，蒙上被子，差点儿大哭一场。不过，哭的念头很快就被我打消了：哭有什么用，要在心酸过后有实际行动才好呢！

第二天早上5点都不到，我就起来穿衣服，心里既激动又不安。万一爸爸起床了怎么办？我这样想着，向厨房走去。突然，父母的房间里传出了"吱呀吱呀"的响声，我吓了一跳，一下子蹿到了厨房里，等到没什么动静了，我才缓缓走到冰箱前，拿了两个鸡蛋。

我开始磕鸡蛋，我对着碗的边缘，在一声清脆的声响过后，鸡蛋裂开，蛋清与蛋黄流进了碗里，我又用同样的方式敲开了另一个鸡蛋，看着蛋清蛋黄融洽地进入了碗里。在打蛋时，为了减轻声响，我放慢了速度。趁着拿料酒的功夫，我烧开了锅，倒了油。在倒油时，我略显笨拙，差点把油瓶子扔进锅里，我刚将油瓶子放好，又撞翻了已经开盖的料酒，半瓶料酒就洒在了地上，我扶起瓶子，又小心翼翼地倒了点料酒在鸡蛋中，然后又忙不迭地盖上盖子。开始切葱了，看着颜色鲜艳的葱，我开始进入了无限的幻想中，这下可好，平时大大咧咧的我，一分神，左手食指直接被擦破了皮。终于，所有食材都准备齐了，我挨个儿把它们放进锅里，用铲子不停地翻炒，听着"吱啦吱啦"的声音，我特别满足。

我找好了碗，正等着把饭烧熟，一转身却看见父亲满脸惊讶地看着我，我直接扑上去："今天我烧饭啦！"父亲脸色很平静，但却从眼神里透露出抑制不住的激动。

平时的生活中，父母为我们做了许多，我们应当知恩图报。孝心如风，为父母吹走疲劳与烦恼；孝心如雨，为父母唱响生命的欢歌；孝心如鸿，为父母带来一片真心；孝心如鱼，为父母承载永久的欢愉。

阅读，我的挚爱

我出生在一个学习气氛特别浓厚的家庭里，全家都很爱阅读。父母热爱历史与文学，爷爷奶奶喜欢研究理科，而外公外婆则喜欢看报。我从小受到全家人的熏陶，养成了爱看书、爱写文章的好习惯。

小时候，每逢周日，父母都会带我去图书馆看书。图书馆成了儿时的我最爱去的地方，不仅我爱去，我们全家人都很爱去。

不去图书馆的时候，父母也会陪我在家里阅读。那时我还小，看的都是童话，父母也会陪我一起看，大大增加了我对阅读的兴趣。在看完一个故事后，我与父母也会展开讨论，如：假如自己是主人公，会怎么做？故事中的人物这么做是出于哪种目的？他做得是否正确？在我们意见不一致时，很可能会发生激烈的辩论，我们不仅是在读这个故事，更是投入到了这个故事里。我们会一起为一个悲惨的结局难过好久，也会为一个幸福的故事而喜笑颜开。

后来，在父母的引导下，我渐渐爱上了名著。那时的我还是有些多愁善感，情绪波动有点大。在阅读《呼啸山庄》时，我为女主角无可奈何地嫁给了自己不喜欢的人而感到伤感；在阅读《欧也妮·葛朗台》时，我对老葛朗台的吝啬感到愤怒；在阅读《简·爱》时，我对简敢爱敢恨的性格由衷钦佩。我在父母的陪伴下与书结成了密不可分的整体，在阅读时，我会把自己当成主人公，感受主人公的心理变化，一起欢呼雀跃，一起流泪。

慢慢地，我的思维开始缜密，爱上了历史类书籍。我在看这类书时，常常配合着电影一起看，这样，就能更好地了解历史。

长大的我，又爱上了心理学与哲学。妈妈说我比较敏感，学心理学在洞察力上一定有一点儿优势。经她这么一说，我更有兴趣了，在别人看来枯燥乏味的心理学与哲学书籍，到我这儿都成了宝贝。我爱看陈果老师的哲学类书籍，也在喜马拉雅上听她的课程。每次听着她富有节奏的声音，都使我如痴如醉。而在图书馆里，我也不定期地挑选厚厚的心理学著作。同时，我也爱看东野圭吾的悬疑小说。东野圭吾是个有思想的作者，他的作品其实并不恐怖，反而在最后都会使人感到温暖。

慢慢地，爷爷奶奶、外公外婆已经看不懂我的书了，但他们在努力追赶我的脚步，经常让我给他们讲书里的故事。为了给他们说出个所以然来，我更抓紧一切时间阅读，以至于每次去旅行时，我的行李中一定少不了书。

阅读，似一条纽带，让我们这个小家变得温馨融洽；阅读，似一扇窗户，让我们足不出户，就可以领略全世界的风景；阅读，似一罐蜜糖，帮我们品味人生的乐与甜。
我感谢阅读，我热爱阅读！

国家尊严

——观《湄公河行动》有感

看完这部片子，我很震撼。动作、警匪片我也算看过
不少，但像这种令人心潮澎湃的影片，我还是第一次看
到。

湄公河是著名的毒品运输河，两岸高山不断，山里的
盗匪不仅抢劫，还吸食毒品。2011年10月5日，两艘中
国商船于湄公河上遇劫，13名船员被杀害。泰国媒体称，
从商船上搜出了冰毒，将矛头对准了中国。中国为此派出
特警，不仅要还13名受害船员的清白，还要维护国家的尊
严。

方新武作为线人，有着双重身份，而且很有责任感，
有牺牲意识，但在女友因沾染毒品而自杀后他一度颓废不
已。但最后，他彻底从阴影中走出来，他醒悟了：当别人
都在为私利奔走时，你应当为祖国的壮大而奔跑，让祖国
的声音掷地有声，让祖国的尊严不受损害！当他驾驶快艇
与追捕中国警察的泰国高官相撞时，相信很多人都看哭了
吧！那一个瞬间，我相信方新武已经彻底蜕变，成为心中

装着祖国的英雄。

还有李小龙，他虽然是美国国籍，却维护了中国的尊严。李小龙以实际行动告诉全世界，中国人不是"东亚病夫"。当他在美国获得武术大赛冠军时，绕着赛场大喊："我是中国人！"这句话喊出了身为中国人的骄傲。

在我们这个时代，许许多多的人在为祖国的尊严而拼搏。祖国的尊严，就是所有华人的尊严。我们要时刻牢记自己是中国人，时刻维护祖国的尊严！

这里安好，天很蓝

周五，英语课。

下雨了，教室里的同学们却谁也没有把它当回事儿，毕竟现在是夏天嘛。

一道闪电撕裂了层层乌云，划破天际，随后便是一声吓得全班同学差点从椅子上摔下来的闷雷。英语老师"临危不惧"，清了清嗓子后，继续给大家播放幻灯片。但是，当天空劈下第二道雷时，幻灯片黑屏了……

教室里一片寂静，连支笔掉在地上都能把人吓一跳。全班人在一片黑暗中，一齐望向唯一的亮处——窗外。

窗外什么都看不清，远处的建筑只留下了模糊的黑影，像极了狰狞的怪物。屋檐下滴答的水帘似瀑布一般，不知是天上哪位神灵悲痛欲绝，在人间掀起了一场小洪灾？

短暂静默后，同学们开始兴奋了。我们开始在黑暗中议论，瞅着外面的水帘，我有些揪心。一直讨厌下大雨的我，在大家都拥到走廊尽头看雨时，写起了作业。突然，有一抹亮光进入了我的视野，我那已经习惯黑暗的眼睛有些睁不开了。

我知道那是阳光。天，要放晴了。

我强迫自己睁开眼，面向那抹亮光，感到如释重负，轻松了不少。我看见了耀眼的太阳，看见了正在努力变蓝的天空，还看见了远处重现的无限美感。

我知道，阴天再长都有过去之时，晴天总会到来。在晴天下，我们玩乐着、嬉笑着，谁也不再掩饰自己。

假如时光倒流，一点一滴都是温暖。我会回头去寻找那些温暖，把它们编织成阳光。

天彻底放晴了。

我想，想把晴天勾勒进我的记忆；我思，思考着晴天的价值；我喜，欣喜晴天来得及时；我爱，爱晴天的温暖动人；我等，等待着在粉樱缤纷的木桥边和晴天再度邂逅。

从此，不再孤独无助。心里有晴天，四季便都成了晴天。

有阳光，有蓝天，这里就安好。

汤寅儿

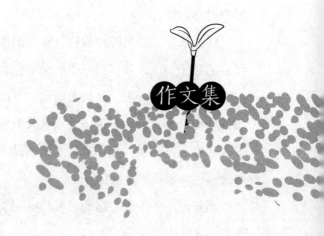

作文集

三年级作文

假如我是一粒种子

假如我是一粒种子，我想要开出世界上最暖和的花——棉花。也许很多人会选择高贵的玫瑰、芳香的茉莉、傲立的菊花……但我不想只看外表，我想为世界贡献一点儿我的价值。

有一天，我随风飘去，飘到一位贫困的农民家里，不时听到孩子边哭边喊："爸爸，我好饿，我要吃东西！"可那贫穷的农民一无所有，只能眼睁睁地看着孩子在哭泣，自己却无能为力。我多想为他们献上美味可口的食物，只恨自己办不到。

秋天来了，冷风呼呼地吹，贫穷的农民没有棉衣为那可怜的孩子披上，我多想开出一朵棉花为他们做一件暖暖的棉衣。终于有一天，我破土而出，开出了一朵世上最温暖的棉花，不久，我有了子女，我天天教育它们，告诉它们关于农民的事情，它们也被农民感动了。我教育它们要学会牺牲，但要牺牲得有价值……

不知过了多少天，它们也被风吹走了，过上了真心诚意为别人付出的生活。

坚持梦想，创造未来

——观《摔跤吧！爸爸》有感

今天，我看了一部电影——《摔跤吧！爸爸》，这部电影让我久久难以忘怀……

这部电影讲的是：一位想让自己的孩子成为世界摔跤冠军的爸爸成功了。虽然他的孩子是两个女孩儿，也许她们坚持不了多久，但一件事情改变了她们的一生——她们把两个高大的男孩儿打伤了。

这件事激发了爸爸心底的梦想。于是，他让女儿们每天5点起床锻炼，把她们的头发剃光，参加各种各样的比赛……假如你有这样残酷的爸爸，你会怎么样？或许就是因为这样严苛的训练，才使他的女儿们获得了成功。

这让我想到班里的好学生……我为大家举一个例子吧！我们班的好学生靠坚持不懈换来优秀的成绩，他们每天晚上都认真复习，这样才能将知识牢固掌握。

我相信只要大家坚持不懈，有梦想，并去实现它，就能成功。正所谓：失败是成功之母，成功路上一定会遭受挫折。我相信只要坚持努力，就会成功，你们觉得呢？

雨的交响曲

雨，你总是匆匆地来，又匆匆地去，像一位欢快的小姑娘向我跑来，又像一位老人慢慢地踱开。

春雨中，雾蒙蒙一片，模糊了路上的汽车、人行道上的行人和我的眼睛。雾犹如一张蜘蛛网，把城市变成了一个小村庄；雾宛如一位文静的小姑娘，她的出现让我惊讶，她的离开使我伤感。

"滴答，滴答"，春雨停了，桃花似乎更加娇艳，大树似乎更加挺拔，春笋似乎更加努力地往上钻，想看看这美丽的世界。青蛙出来透气，小鸟也像以前那样活跃。

这时，天边挂上了一道彩虹，赤橙黄绿青蓝紫，哇，真美！那一道彩虹犹如小女孩儿裙子上的一块布料，一根牛皮筋，一丝活泼的目光。

雨过了，彩虹姑娘走了，大自然像以前那样，充满活力，但我默默不语，正如我说的那样，雨的出现让我惊讶，雨的离开使我伤感。

我走了，走到哪里？谁也说不准，只有雨知道……

厉害了，我的老爸

认识我老爸的人都会觉得很奇怪：他个子不高，头发乌黑，鼻梁上住着一位"客人"——眼镜，嘴巴里长着参差不齐的牙齿，跟普通人没什么区别，可是为什么会说他厉害呢？别急，听完我讲的故事你们就明白了。

有一天，我跟老爸出门散步，不知不觉我这位"路痴"老爸竟然迷路了，这可把我急坏了，心想：难道我们回不了家吗？这时，眼尖的老爸发现有一堵矮墙，再仔细一看，翻过这堵矮墙就能找到回家的路了，可我那么小怎么能翻得过去呢？就在这时，老爸自告奋勇地爬了上去，可不幸的是，摔了个狗啃泥，我心疼老爸，说别爬了，可倔强的老爸已经开始第二次冲刺了。首先，他挂着一根木棍爬了上去，其次他用手扶住墙角，用力地站了上去，最后，我老爸纵身一跃，啊呀，又摔了一跤，可悲的老爸呀，我真的不忍心看着你那摔跤的姿势：整个人都趴在地上，动弹不得。

我在墙外心急如焚：该怎么出去呢？老爸爬了起来，对我说："你照着我的方法爬出去。"我有恐高症，爬到一半就害怕得直发抖，想想肚子饿得咕咕叫，就奋力一跃，啊呀，我的下场和爸爸一样，也摔了个狗啃泥，太可悲了，我心里暗暗埋怨，老爸怎么没把我接住，害得我和他一样的悲惨……

看了上面的故事，想必你一定会觉得我的老爸很"厉害"吧，也许这是一种讽刺，但在我眼里，我的老爸始终是最棒、最厉害的！

四年级作文

诚实，一个人的立身之本
——观《寻梦环游记》有感

今天，我看了一部电影，叫《寻梦环游记》。看完这部电影，我懂得了勇于追梦的道理。我感到自己心里涌动着一种为梦想而奋斗的冲动。

这部电影主要讲了一个小男孩儿——米格，一心想成为音乐家，但他的家族世代禁止族人碰音乐，米格不得不去偷"歌神"德拉库斯的吉他练，却误入了亡灵世界，在那里，他解开了许多谜团，弄清了事实的真相。

在影片中，令我感触最深的是在埃克托想回家看望自己的家人时，"歌神"德拉库斯却为了自己的利益，将朋友埃克托毒死，窃取他的歌。这一幕让我感到了内心的黑暗。有些人为了自己的利益，牺牲朋友，甚至牺牲家人。也许，在他们眼里，家人、朋友，只是几块前进路上的绊脚石，往往这样的人是得不到真爱的，只能沉迷在自己的世界里……

这让我想到了我们班的小晨，他虽然长得肉嘟嘟、胖乎乎的，不怎么帅气，但他拥有一颗诚实的心。一次课间休息时，我们在一起嬉戏打闹，突然，我眼前一亮，发现地上有一支记号笔，我心想：要不独吞吧？可他似乎看出了我的心思，悄悄地跑过来，小声地说："要么放到失物招领处，要么交给老师，千万不要私吞哦！"我涨红了脸，生气地跑开了，但还是交给了老师。当老师将笔物归原主时，失主感激地看了我一眼，这使我感到了一丝自豪。

诚实，给了我温暖，我会好好保存它的。

春

盼望着，盼望着，春来了，春天的脚步近了……

"碧玉妆成一树高，万条垂下绿丝绦。不知细叶谁裁出，二月春风似剪刀。"正如贺知章眼中的春，是如此生机蓬勃。怀着激动的心情，我也去寻找理想中的春天。

踏着春光，迎着春风，我来到一望无垠的草坪上。仔细观察草坪，我发现不只有探出头来凑热闹的青青小草，在小草中间的缝隙里，还夹杂着成千上万朵野花，她们像是一群害羞的小姑娘，躲在里面化着妆、聊着天，不知道在嘀咕些什么。要是下起雨来，这些小野花绝不会玩躲猫猫，肯定会"嗖嗖嗖"地往上蹿，到时候，她们就从一个个害羞的小姑娘变成一个个亭亭玉立的少女啦！

离开草坪，我又来到了茂密的树林里。原本光秃秃的树木抽出了许多嫩绿色的小芽，显得生机勃勃。别看这是树林，里面的花也不少呢，有半开半合的郁金香，有跳舞的桃花妹妹，有高雅端庄的白樱姐姐，还有刚睡醒的蒲公英，正准备开启新的旅程……

走进竹林，一片竹笋映入我的眼帘，在傲然挺立的竹子下，一株株破土而出的、十指尖尖的竹笋，正像一个个士兵在站岗。这一景象，让我明白了一个道理：人不可有傲气，但不可无傲骨。岁寒三友——松、竹、梅，便是这样。

"春天在哪里呀，春天在哪里？"我真想续编一下这首歌："春天在这里呀，春天在这里，春天就在我们的身边……"

的确，春天就在我们的身边，只不过人们没有发觉而已。我不禁感叹道："春，你真是无处不在呀！"

放学路上

夕阳西下，阳光洒满了大地。我独自走在放学回家的路上，摇摇晃晃……

放学了，同学们一窝蜂地冲出学校，扑进父母的怀抱里。我瞥了他们一眼，背着沉甸甸的书包，往回家的小路上走去。

走在那条小路上的我郁闷极了。"不就是运动会上得了三等奖，他们有什么好得意的？"我心里想着。那条小路弯弯曲曲，像一条歪歪扭扭的小蛇，蜿蜒盘旋。小路中间凹凸不平，几块石头在马路中间滚来滚去，像是在炫耀着什么。

心烦意乱的我，胡乱踢着脚下的小石子，脑子里乱哄哄的，不知道在想什么。突然，我模模糊糊地意识到：在这条小路上，不是有许多小草吗？它们是那么青、那么绿。但你有没有想过，它们虽然忍受着来来往往的汽车排放的尾气，却仍然顽强地站立着，它们是那么坚强，不怕风吹雨打，不怕刮风下雪。它们怕的是什么？是不能为大自然送上一片勃勃生机。

而我们呢？生活在这样好的环境里，只因为一点儿小挫折，就丧失了应有的自信心，这样是对的吗？

我这么想了想后，就不再为此伤心难过了。人总要学会乐观，而乐观，就像长在这条泥泞小路上的一棵小草，永远那么顽强地生长着，散发着生命坚强不屈的光辉。

一位老奶奶带给我的启示

人生，其实就是一条路。在这漫漫旅途中，也许会经历许多坎坷、挫折，但你要学会从中明白道理，感悟人生。

在我家附近的公园旁边，住着一位年迈的老奶奶。在很早以前，她不孤独，也不寂寞，因为她有老伴陪伴着她。两个人相互依靠，整天手挽着手一起走，任何事情在他们眼里都不算什么。每当我走过他们家门口，总会看到他们在一起说说笑笑的。

可惜，现在她的老伴去世了，只剩下她自己孤零零的一个人。她仿佛一下子从天堂跌到了地狱，我似乎看到她的脸上多了两条深深的、抹不去的皱纹。但她并没有因此放弃希望，而是挥去悲伤与痛苦，从黑暗中爬起来，重新寻找光明……

第二天早上，我又一次走过她家门口，原以为她不会往日那般热情，可没想到的是，她依然微笑着望着我。我愣住了，一时间手足无措。我心里明白：一个人要想战胜心理创伤，是一件很困难的事，更何况是失去自己身边最亲、最爱的人呢？她能这样控制自己，真是一件非常了不起的事。

从这件事中，我知道了：应当向老奶奶学习，遇到挫折要更加勇敢，使自己迅速振作起来。

乐观，是人一生幸福的源泉！
——读《佐贺的超级阿嬷》有感

最近几天，我读了一本书——《佐贺的超级阿嬷》。

妈妈经常对我说："做人要乐观，用你的微笑去面对每一天。"读完这本书后，我把这个道理深深地铭记在心底，因为文中主人公的阿嬷（外婆）便是这样乐观地对待每一天的！

这本书主要讲了昭广（主人公）的爸爸在她小的时候因受核辐射而去世，妈妈含辛茹苦地抚养着他们，经营着小酒馆。有一天，妈妈找了个送小姨的借口，把"我"推上火车，开始了与阿嬷在一起的生活。

书中的阿嬷每天都很快乐，她早上去超级市场买食物。她很穷、很苦，没有太多钱，甚至连一日三餐都解决不了。她的孙子问她："阿嬷，这两三天都只吃白米饭，没有菜呀！"阿嬷就哈哈大笑着回答说："明天呢，可能连白米饭都没有了！"钱不够，什么都不能拥有，人们因为这些而觉得不幸福，于是挖空心思去追求所谓的幸福，却让自己过得越来越累。

这让我想到了我的同学小潘，他学习不太好，几乎每次考试成绩都不怎么理想，但他依然很乐观。他并不愁眉苦脸，而是经常面带微笑。看着他的笑容，我都会心里暖暖的，也很踏实。

看完这本书后，我总结出了一个道理：乐观，能积极面对生活，能使人宽容善良，能使浮躁的心沉静下来……

菱角中的"牛魔王"

我是一个菱角，我有着独特的外表，穿着一件铠甲般的外衣，有着两个尖锐的角……

凉风习习，秋天来了。

池塘里的我外表非常独特，大家看了会觉得奇怪，咦，菱角不都是四个角的吗？为什么它会有两个角？在这么多的菱角中我经常受到冷落，到处都是四个角的菱角，到处都有奚落的目光，可能正是因为这样，我才会被公认为是菱角中的"牛魔王"吧！

终于有一天，我被一个农民捞了上来，被掺杂在四角菱中，那个农民把我们放在一个篮子里打算去卖钱，他在赶往市场的路上非常辛苦。

我终于明白：只有付出才会有回报，没有天上掉馅饼的好事。这么一路想着，我们到达了热闹非凡的市场。他把我们放在了一块布上面，大声吆喝着。一滴滴汗水落在了我的头顶，那是辛勤劳动的汗水。

时间一分一秒地过去了，终于有一位老妇人把我们这几个菱角买走了。她把我们煮熟后，放进一个盘子里，端进一个房间。原来她的孙子生病了，躺在床上痛苦地呻吟着。老妇人把我们用剪刀剪开，我那本来很威风的菱角，现在已经被剪断了。那个小男孩儿把我咬了一半，他吃着我那嫩白色的肉，脸上的笑容很甜，看来我很好吃嘛！

老妇人看小男孩儿吃得津津有味，露出了欣慰的笑容。

美丽的镜湖湿地公园

今天，我去了一个美丽的地方——镜湖湿地公园。还没去那里之前，就听说那里风景迷人、鸟语花香，尤其是春天的时候，更是生机勃勃。

我们坐车赶到了那里。一进门，一阵清香扑鼻，这里果然名不虚传。站在枝头的小鸟对我们叽叽喳喳地叫着，仿佛在欢迎我们的到来。几只蝴蝶在争奇斗艳的花丛中，为我们翩翩起舞。大自然的一切，是那么美好、那么和谐。

首先映入我们眼帘的是白樱。它们一棵紧挨着一棵，密密麻麻，数不胜数，一朵朵花儿竞相开放，上面还有几只蜜蜂在嗡嗡地叫着。

走进深处，我突然发现有一大丛春的代表——迎春，我凑上去仔细一看，发现它们不是迎春，而是长得很像迎春花的长着四片黄色花瓣，那几片花瓣像是一个个士兵，身穿黄色盔甲，似乎在守护着中间的花蕊女王！

我走出这片树林，来到了一块"欢乐草坪"上。在草坪旁边，有一丛绿叶，而绿叶中似乎有几点白色若隐若现。我走上前去仔细一瞧，发现那不是一种罕见的白山茶花吗？我如获至宝，连忙凑上去看个仔细：一朵朵白山茶花傲立在绿叶之中，个个身穿白色的连衣裙。有的像亭亭玉立的少女站在小河边；有的像躲在屋子里梳妆的小姑娘；还有的像刚睡醒的小女孩儿，揉着惺忪的眼睛，那半睡半醒的样子还真是可爱呢！我突然觉得山茶花那洁白无瑕的颜色，和小朋友们美好纯真的心灵很匹配，我又觉得山茶花的美，赛过娇艳的牡丹和芳香的茉莉。

我沉浸在美丽的花海中，时间也在不知不觉中流逝，夕阳西下，爸爸妈妈催促我回家，我只好恋恋不舍地离开这美丽的镜湖湿地公园。

秋，一个未知的季节

夏，静静地离开；秋，悄悄地来。秋，你用那凉爽的秋风，带走了炎热的夏天。

我进入了秋，进入了秋的世界！那凉爽的秋风吹拂着那斑驳的石子、零乱的杂草。蒙蒙的秋雨衬托着鲜花的娇艳、果实的新鲜、空气的清新……

我，来到了一望无际的田野，金灿灿的麦穗对我招着手，微笑着。在那片土地上，镶嵌着一层层的麦田，稻谷……在那无边无际的庄稼地中，到处呈现出金黄一片，叠翠流金，一派生机勃勃的景象。

我，又来到了果园。一进门，就能闻到鲜果飘香，吸引我向前。满树的金苹果在对我微笑，我仿佛看到了三位女神在为一个金苹果争吵，进而引起了战争。再往前走，我看到了如同玛瑙般的"紫宝石"——葡萄，那紫色的葡萄照耀着我的眼睛，仿佛每颗葡萄上都有一个新的生命在颤动。

这时，下起了蒙蒙细雨，模糊了我的视线。突然，我惊了一下，哦，原来我在看一幅画呀，竟然让我看出了神！

秋，你能给人带来一种神秘、未知的感觉，这令我爱上了你！

团团圆圆过中秋

天，渐渐地暗下来，夜晚来临了，圆圆的月亮爬上了天幕。

这天晚上，我们全家一起把凳子搬上阳台，一边吃着美味的月饼，一边看着繁星点点的天空。这滋味，真是享受啊！

时间一分一秒地过去了，我心急如焚地想：哎呀，月亮怎么还没出来呀！难不成，她今天迟到了？

想着，想着，我开始打盹儿了，眼睛也慢慢地闭拢了。

突然，一阵吵闹声把我惊醒了，妈妈告诉我月亮升起来了。我急急忙忙地跑到阳台上。

远远望去，在天空的一个角落里，月亮散发着一束暗暗的光芒。月亮升得越来越高，渐渐地，我能看见月亮半个"身体"了。最后，那皎洁的月光把她那美丽的"身躯"都展示了出来。圆圆的月亮，把她那柔弱的光芒洒向大地，仿佛在这一天里，要把每户人家的门口都照亮。

此时，爸爸吟起了苏轼的《水调歌头》："明月几时有，把酒问青天……"

月，能勾起无数人美好的遐想；月，能让在不同地方的人们想起对方……

夜深了，该上床睡觉了。我回头看着那挂在天空的月亮，回想起团圆时温馨的画面，情不自禁地露出了微笑。

温暖的旅程

成长就像一次旅行，在旅途中，我们会遇到许多小事，而往往从这些小事里，你会悟出一些大道理来。

在一次体育课上，体育老师朱老师因为家里有事，所以没来上课。平时紧张又刺激的体育课就这么泡汤了。我十分沮丧，因为每次课上如有特殊情况，就会改上语文课。可今天我们班主任心情大好，允许我们自由活动。班主任范老师刚说完，教室里就响起一片欢呼声，同学们有的拍桌子，有的大喊大叫，简直乱成一锅粥了。我抑制不住内心的激动，笑逐颜开，但不知道自己能干点什么，有点语无伦次。突然，一声清脆的叫声响起。

"小汤，我们来下一盘国际象棋吧！"我一惊，猛地转过身去，仔细一看，呀，这不是我们班的美女小霞吗？我心想：她怎么有胆量和我比赛，我可是国际象棋比赛女子组的第四名。正当我纳闷的时候，她有点生气地说："别犹豫了。"我连忙说："好的，好的，我去拿棋盘。"

比赛正式开始，她认真又仔细地看着棋盘思考着每一步棋；而我却漫不经心地边下棋边想："她不就是个'渣渣'吗，我三步杀就能把她给击败了。"正当我这么想着的时候，她忽然激动地大喊一声："将王，耶，我赢了！"我这才回过神来，发现自己的王已经被她的后和车围攻了，顿时傻眼了。我这才醒悟过来，明白自己犯了一个不可饶恕的错误：我不该这么草率，这么轻敌，要是发生在比赛场上，那真是后悔都来不及了。我惭愧地低下了头，想好好地反省一下，只见小霞朝我挤了挤眼睛，说道："谢谢你让我哦！"说完，就回去看书了。我好想真诚地对她说：
"不，应该是我谢谢你，是你教会了我要做一个一丝不苟
的人，是你教会了我要认真努力，做个细心的人；是你教
会了我要认真对待每一件事、每一次作业，以及每一个细
节……"

"丁零零，丁零零。"下课了，我如释重负地跑出教
室，准备迎接新的挑战……

隐藏在窗外的故事

一个晚冬的艳阳天，阳光洒进窗户，我把脖子伸出窗
外，哇，好暖和呀，我懒洋洋地打了个哈欠，心想：好久
都没有出太阳了，今天得好好享受一下阳光。我抬头向前
方望去：原本光秃秃的地面，现在钻出了小草，正好奇地
打量着这世界；原本光秃秃的树木，现在抽出了嫩芽……
我沉浸在窗外的美景之中。

突然，我被一阵喧哗声给吵醒了，我抬眼望去，原来
是环卫工人，他们正在清理小区的卫生。刹那间，我想道，
平时，这些环卫工人不也是这样辛勤地打扫着卫生吗？不
论风吹日晒，不论是炎热的夏天还是寒冷的冬天，他们总

是穿着一件单薄的衣服，凌晨4点就要起床工作。他们额头上那几条深沟般的皱纹，就是岁月的痕迹，那长满老茧的手，让我心里发酸。正当我百感交集的时候，一个行人走了过来，无意间往地上吐了一口痰，然后趁环卫工人没注意的时候，随手把零食包装纸一扔，扬长而去。我明明看见旁边就有一个垃圾桶，只要把包装纸扔进垃圾桶就能保持路面清洁了。他是不认字吗？不，我想并不是，我回应他几声冷笑。

我回过了神，惆怅地转过身……

自信之花

"啪啪啪！"雷鸣般的掌声骤然响起，站在座位上的我，兴奋得有点不知所措，那时内心的激动，是无法用言语来表达的……

那时的我，像一朵胆怯的小白菊，每天躲在草丛中。也许你们很奇怪，现在落落大方的我，小时候怎么是那样的？可能你们还不明白，胆小的我就是在那次掌声中变得像现在这么自信的。

那天上课，老师问了我们一个很客观又直接的问题：

长大后你们想做什么？这个问题使大家沉默了许久——做什么好呢？当"白衣天使"？当伟大的科学家？还是做探索宇宙的宇航员？一连串的问题困扰着大家。我颤抖着举起了手，看见大家都没举，又赶忙放下。谁知这一幕被老师尽收眼底。老师叫到了我的名字，让我来回答，我当时十分紧张，但心里有一个小天使对我说："加油，做好你自己，不用在乎别人怎么看。"我清了清嗓子，小声地说："我想当一名老师，给学生们传授知识，这样祖国就会变得更富强！"讲完后，教室里鸦雀无声，老师先带头鼓掌，紧接着又传来了一阵阵掌声，那时的我，不再像以前那样胆怯，而是笑了，笑得那么甜。这时，我心中那个小白菊开放了，开得比牡丹更加艳丽……

其实每个人的心中都有一朵自信之花，只是我们不善于发现而已。

爱，创造世界

——观《我不是药神》有感

今天，我观看了一部电影《我不是药神》，这部电影对我的启发很大。

这部电影主要讲述了一个人为了挣钱而贩卖"假药"，后来他良心发现，觉得自己应该为他人着想，于是他把原价2000元的药以500元的价格卖给病人，自己承受金钱的损失。

这部电影让我悟出一个道理：生而平凡并不可怕，拥有高贵的品格才值得人们尊敬和爱戴。这部电影中的程勇，是一个处于社会底层的人，没有钱，爸爸也病倒在床上，可他后来变成了一个颇有爱心的人。在社会上，也许就是这些人默默无闻却很了不起。面对残酷的现实——疗效差不多的药，国内要3万元一瓶，印度只要500元，一位老婆婆对警察说的话让我印象很深刻："4万块钱的正版药，我吃了3年，吃没了房子，吃垮了家人，这药才500块钱一瓶，他根本不赚钱，你把他抓起来，我们都得等死，我不想死，我想活着，行吗？"在电影的末尾，程勇被抓，一些白血病患者站在道路的两旁，摘下口罩，对他行注目礼。

这让我想到了我爸爸。我爸爸也是一个有爱心的人，他为贫困山区的孩子们建了一座图书馆，提供了良好的阅读环境，希望可以帮助孩子们实现上大学的梦想。有一次，我问爸爸："爸爸，你花那么多钱捐献给山区的孩子图什么呀？"爸爸笑而不语，但我知道，他这一笑，包含着很多内容。

这部电影告诉我一个道理：时时刻刻做一个心中充满爱的，善良的人。

藏不住的小秘密

"我有许多的秘密，就不告诉你，就不告诉你。"每个人肯定都会有几个不想告诉别人的小秘密，我也不例外。不过，我今天破例告诉你我的这个小秘密。

事情是这样的：妈妈很喜欢吃螃蟹，隔三岔五会去一家叫作"蟹蟹浓"的饭店吃。为什么呢？当然是为了吃里面最好吃的蒸宝蟹啦！可妈妈不可能有这么多的时间，特地跑去那里吃螃蟹。这时，她就会点外卖，既方便又美味。

那家店的老板娘人特好，每次点餐的时候都会送我们一瓶可乐和一瓶雪碧，日积月累，积少成多，我们家里就有了堆积如山的饮料。那么多的饮料该怎么处理啊？我心里就有一个邪恶的想法：偷喝。

趁着妈妈正在给弟弟换衣服的时候，因为弟弟又吐奶了，而且爱多管闲事的小姨也不在。真是个千载难逢的好机会啊！我让外婆把柜子里的雪碧抽一瓶出来，放到一楼的冰箱里。事情进行得很顺利，我找了个借口趁机跑到一楼，在一楼的冰箱里拿出那瓶雪碧，"咕嘟咕嘟"猛喝了几口，哇！那感觉真是太爽了！"踢踏踢踏"，一阵脚步声隐隐约约地传来，我连忙把雪碧藏好，满脸笑容地迎接妈妈。妈妈一脸疲惫地出现在我面前，有气无力地对我说："唉，多了个人就是难伺候。"看着妈妈累成这样，我的心里也不太好受。

晚上睡觉时，妈妈躺在我的身边，我怎么也睡不着，翻来覆去，想开口，却一个字也挤不出来。我终于下定了决心——

"妈妈……"

"嗯？"

"我有件事情想跟你说。"

"什么事？"

"对不起妈妈，我……"

"你怎么啦？"

"我趁你不注意的时候偷喝了雪碧，我错了！"

"哈哈哈。"妈妈笑了几声。

"我知道错了，你能不能不打我啊？"

"这件事情我早就知道了，我早就在监控里看到了。"

"……"

"没关系，我不会怪你的。"

"哦。"

这一次谈话就在黑暗中结束了，我心里十分内疚，一块悬着的大石头始终放不下来。我知道自己错了，妈妈这么累，我还要妈妈为我操心，真是不应该啊，妈妈您真的原谅我了吗？

感情，是世界上最黏的胶水
——读《我的妈妈是精灵》有感

今天，我读了一本书，名叫《我的妈妈是精灵》，看完这本书后，我哭得稀里哗啦。

这本书主要讲述的是小女孩儿淼淼的妈妈是精灵，但爸爸和妈妈就要离婚了，在离婚前，妈妈和淼淼度过了最后一段时光。

人们都说感情是世界上最黏的胶水，的确，淼淼虽然知道她的妈妈一碰到酒精就会变成很恐怖的模样，知道她的妈妈每天晚上都要躲在卫生间里喝青蛙的血，但她和妈妈的这份感情是不可割舍的。故事里，当爸爸说要和妈妈离婚的时候，妈妈并不想离。她靠在门框上，什么也没说，只是看着"我"和爸爸。原来，淼淼的幸福童年都是装出来的，就像演戏，每个人物被分配了哪个角色都不知道，如果你知道了，就要努力去演好它，都拥有了自己的秘密。妈妈演的是精灵，她要保守好自己的秘密，不被别人知道，这或许就是她的使命。

这让我联想到了书中的一个孤儿，她和妈妈生活在一起，妈妈骗她说爸爸在外地工作，见不到他，但当她得知真相的时候完全蒙了，她就是一个被蒙在鼓里的人，有时候还是不知道真相的好。

这本书告诉了我一个道理：家人之间的感情是不可替代的，好好珍惜这份感情吧！

美丽的秋天

秋来了，她正朝我招着手，你看见了吗？

——题记

草长莺飞、鸟语花香的春天固然美丽，但秋风送爽的秋天也充满着浪漫气息，不知你有没有察觉到？

秋叶，象征着秋的来临，一片片金黄的银杏叶从树上飘落下来，宛如一只只在空中翩翩起舞的蝴蝶，展示着它们优美的身姿。记得儿时，在这一棵棵高大的银杏树下玩耍，比谁拾到的银杏叶更大、更金黄，那时常常是我赢，大家都来问我有什么诀窍，我只是哄骗她们说："秋天是我的季节，她知道我的心，所以每次都送我最好看的银杏叶。"现在，我已不玩这个游戏了，只是有时捡几片银杏叶做做书签。

枫叶，也是秋天的代表，走进枫树林，满地的枫叶一片红，看上去似乎还有点渐变色。人踩在上面，感觉有一种说不出的幸福从心底油然而生。嘎吱嘎吱，我一路踩着枫叶走出了这片枫林，人虽然离开了，心却留在了那里，到现在仍然回味无穷。

秋天的花也不算少，菊花、桂花，样样好看，不过我最喜欢的还是桂花。桂花树的样子虽然不好看，有些笨拙但桂花却香飘十里，先不说它那沁人心脾的香，就说它的样子吧，四片花瓣围着中间那细小的花蕊，就像是四个士兵保护着中间的那位公主。要说喜欢桂花的原因也说不出来，可能我就喜欢它那朴实无华、默默无闻的样子吧！

秋来了，她正朝我的方向走来，我已准备好迎接她了——美丽的秋天！

那一刻，我感受到了顽强

一束阳光，透过树梢，透过密密层层的树叶，洒进我的书房。我打了个哈欠，伸了个懒腰，望着窗外。一片生机、葱茏的景象就映入了我的眼帘，我再也忍不住了，跟老妈说了声"我出去一下"，就立马飞也似的蹿了出去。

哈，外面的空气可真新鲜啊！清新的空气中夹杂着一丝花草的芳香，也蕴含着一股生机勃勃的气息。我一边哼着小曲："走在乡间的小路上，暮归的老牛是我同伴，蓝天……"一边眺望着蓝天：广阔无垠的天空中镶嵌着朵朵白云，那些白云变幻万千，一会儿变成一匹在草原上奔驰的骏马，一会儿变成一只正在吃草的小白兔，一会儿又变成一只仰天长啸的雪狼……我看着看着，不知不觉入了迷。

突然，我的脚边传来了一声清脆的声响。我低下头一看，发现一株绿油油的小草被我踩在脚底。我立即把脚挪开，缩到一边，心想：哎哟，我竟然变成了一个刽子手，把这脆弱的小生命给踩没了。没想到，那株小草又顽强地抬起了头，用一种神圣不可侵犯的"眼神"望着我。那一瞬间，我惊呆了，我本以为它会退缩，可我错了，它并没有在困难中低头，而是倔强地抬起了头。我被它这种精神所震撼，这么一个小生命竟有如此气魄。

我想让那些不好好珍惜生命、践踏生命的人看到：连小草都不放弃生命，努力活着，更何况你们呢？同时，我也得警告自己，在遇到挫折的时候，不该向命运屈服，抱怨命运的不公，这时候，更应该在哪里跌倒就在哪里站起。

一株小草，却给了我一个人生的启示。

那一刻，我明白了很多。

那一天，阳光好温暖

阳光洒进我的书房，一切是那么和谐、那么温暖。

今天，我和妈妈外出吃饭，路上遇到了一家卖臭豆腐的店，我看见臭豆腐，就忍不住想去吃，扯了扯妈妈的衣角，用目光瞥了瞥那家店。妈妈立刻心领神会，领着我去那家店。转过街角，臭豆腐的香味离我越来越近，我看见排队的人很多，也不甘示弱，排在后面。就这样等了好久好久，终于等到我了。

　　我盯着老板娴熟的手艺，一个个冒着热气的臭豆腐就要出锅了，我满心欢喜地看着这美味的佳肴，仿佛它正在向我招手，迫不及待地想进我嘴里洗个口水澡。一盒臭豆腐新鲜出锅了，我拿着热气腾腾的臭豆腐，直送嘴边："啊，真好吃。"我咂咂嘴，一边对臭豆腐赞不绝口，一边又把酱淋在臭豆腐上面。

　　过了一会儿，我风卷残云般地把一盒臭豆腐像变魔术般地给变没了。还有一盒是妈妈的，我拎着它快速地冲了出去，大喊："妈妈，快来吃吧！"可是，我却没有注意到店门口还有一个很高的门槛，不知怎么回事，就绊倒了。

　　我整个人都趴在地上，脚动都不能动，只感觉眼前一片模糊。突然，有一只温暖的手拉住我的手，虽然力气不怎么大，但还是把我拉了起来，我总算看清她了，是一位大姐姐，她虽然长得很普通，但她有一颗纯洁的心，我会永远记住她的。

　　抬头，阳光很灿烂，照在我身上，也照在我心上。

生命的礼物

　　礼物分为两种：一种是实实在在的；另一种却是隐形

的。在快要过年的时候，妈妈提前送给了我这份礼物——一个新的生命。

2018年1月22日，我那可爱的弟弟诞生了！

下午的时候，我正在学校上课，就被接走了。被带进医院之后，我推开门——一双带着血丝而又哭红的眼睛映入我眼帘。那不是我妈妈吗？在她旁边，有一个"小人儿"正在轻轻地哭喊着。我迈着脚，慢慢地靠近。呀，这不会就是我的弟弟吧？他长得可真丑，头发细细的，几根耷在额头上，眼睛是闭着的，嘴巴微微向上翘起，"人不人鬼不鬼的"，和我预料中的小可爱完全不一样！

可过了一两个月，我就发现他比以前好看多了，炯炯有神的大眼睛散发出"耀眼"的光芒，头发比之前多了好多呢！看上去有些俊俏，有些帅。

现在，他已经十个多月了，虽然还不会叫爸爸妈妈，但也有些懂事了。如果是以前，我把他的玩具抢走，他要么是"咯咯咯"地笑，要么就呆呆地看着我。可现在他不一样了，他会"哇哇哇"地大哭大闹，会用手来扇我"巴掌"，还会捏我。

我做完作业一般都很迟才回家，每次弟弟总是会很隆重地迎接我，今天也不例外。我一回到家，他就像小鸟扑棱着翅膀似的，嘴里还"哦噢"地叫着。我一把抱起他，逗他玩。可他手里还拿着我的手表摆弄着，我一生气，把手表夺了过来，没想到，他被我生气的模样吓哭了，一个劲儿地"哇哇"大叫。我被他吓呆了，因为我从来没有看到他哭得那么厉害过。这时，正在泡奶的妈妈跑了过来，抱走弟弟哄着他。我一下子傻掉了，眼泪竟顽皮地蹦出我的眼眶，跑了出来。弟弟一看我哭了，竟"咯咯咯"地笑了起来。真是——气死吾者，老弟也！

虽然这样，但是我还是非常爱我的弟弟，谢谢妈妈送给我的礼物，我会一辈子好好呵护他的！

实习老师，再见

在学校里，总是有那么几个老师，上同样的课，讲同样的话，让人有些厌烦。在这学期，我迎来了学生生涯中最快乐的时候：实习老师来了。

她，鼻梁上架着一副眼镜，脸上长满了代表青春的青春痘，一双水汪汪的眼睛里，充满了温柔与知识。她就是我们的实习老师之一——陈老师。

陈老师说话时，细声细语。她不及项老师美丽，但也不像其他老师那样凶巴巴的，她的嗓门儿只有我的一半大，所以同学们一点儿也不怕她，有时我还会去她那儿撒娇。

可是，实习老师终归是要走的，她们的人生中还有更好的未来。她让我负责举办欢送会，我既高兴又悲伤，不禁怀念起与她相处的这段时光。

欢送会开始了，我来当主持人，主持节目。同学们纷纷拿出了看家本领，有的"组团"唱歌，有的表演小品，有的变魔术，还有的打快板……这一个个节目里都饱含着我们对老师的爱啊！

我看着眼前的这一切，似乎离我们那么近，却又像是上辈子那么远。我再也忍不住了，回忆的利箭向我刺来，刺得那么疼、那么用力。我被刺哭了，放声地哭——为什么你要走啊，我为什么要见到你，就当作没有见过好了！

陈老师看到我哭了，抽了几张餐巾纸，向我跑来。她抱住我，用手轻轻拍着我的背，用她那细细的声音说："别哭，我会再来看你们的。"陈老师一边安慰着我，一边帮我抹干眼泪。

老师，你是那么亲切，待人那么温柔，为什么就不能在我们班当老师呢？

现在她已经走了，在这里，我想问问：您还记得那次给我抹眼泪吗？我想，我会记得的。

我喜欢这只流浪猫

　　劳累了一天的我刚回家，就不行了，我不禁感叹道："小孩子就是辛苦啊，那么多的作业！"我跌跌撞撞地走到了大门，刚打开大门，突然传来了一声声"喵喵"。我吓了一跳，差点把大门压在脚上。我摸索着在黑暗中开了灯，定睛一看，妈呀，我家门口怎么蹲着一只全身金黄的流浪猫，正冲我"喵喵"叫呢！

　　我慢慢地爬上楼梯，发现这只来历不明的猫在朝我靠近，我连忙往后退跟它保持一定的距离。那只猫很通人性，它知道我嫌弃它，也就不再靠近我，而是蹲在旁边"喵喵"地叫着。那一声声猫叫如几把利剑刺痛着我的心；那一声声猫叫是那么凄凉，在楼梯里回荡；那一声声猫叫又让我忍不住同情它、可怜它……我心软了一下，看了看妈妈说："我们能不能收养它？"那只猫似乎知道我在说什么，用可怜巴巴的眼神望着妈妈。妈妈看着我和猫，沉思了许久，刚想开口说什么，嘴巴又闭上了。就这样，我们三个足足僵持了两分钟，妈妈这才开口："薇薇，不是我不想收留它，而是因为我们不能确定这只猫身上是否存在细菌，而且这只猫有可能是别人家的，只是晚上逃出来了而已。"

妈妈叽里呱啦地讲了一大堆，可我一个字也没听进去，妈妈心一横，把我拉进了屋。

大门无情地徐徐关上，那只猫尝试着用爪子把门扒开，可是一切并不是它想象的那样，大门关上了，它最后一丝希望也破灭了。我迈着沉重的步伐，一步一步，走向房间。那只猫仍不甘心，在门口拼命地叫，我试着说服妈妈："妈妈，我们能喂它一点儿东西吃吗？"妈妈也许心软了，说："你想喂它就去喂吧！"我兴奋得一蹦三尺高，二话不说，冲进书房，把我平时不舍得吃的面包、蛋糕都拿出来了，打开门，惊喜地发现那只猫还没有走。我把面包撕成一小块一小块，喂给它。那只猫倒也不挑食，"吧唧吧唧"地吃了起来，吃得津津有味。

我看着它，欣慰地笑了，感觉自己长大了很多。它吃完以后，用身体来蹭我的腿，我开心得不知怎么用语言表达。

夏的声音

"哗啦哗啦"，是夏雨在跳舞；"轰隆轰隆"，是雷公在打鼓；"啁啾啁啾"，是鸟儿在唱歌……这就是夏的美妙歌声!

夏天,一个美丽的季节,一个炎热的季节,也是一个动听的季节。

听,是谁在歌唱?是那啁啾的鸟声,是那悲壮的猿声,还是那不绝于耳的蝉鸣?

我走进山林,听到了轰隆隆的砍树声,随着一棵棵大树倒掉的声音,我心如刀绞。没有鸟声,换来的是大树崩塌的声音;没有蝉鸣,换来的是锯子"吱吱"响的声音;只有猿猴为大树们哀啼,那悲烈的啼声不绝于耳。

听,是谁在唱歌?是那潺潺溪声;是那呱呱的蛙声;还是那淅淅沥沥的雨声?

我走进江河湖海,听到了垃圾罐头噼啪响的声音,随着垃圾一点点地增多,河水堵塞,大海的沙滩边堆满了臭气冲天的垃圾。没有溪声,换来的是垃圾噼里啪啦的声音;没有雨声,换来的是大海波涛汹涌的翻滚声;只有青蛙还在"唱歌",向人们诉说着搬家的痛苦。

听,是谁在唱歌?是那嗷呜嗷呜的狼嚎声,是那大象沉重的走路声,还是那飒飒不绝的风声?

我走进田野,听到了枪声,"啪啪""咚咚",伴着枪声,我又听见了各种动物的尖叫声。没有动物们开心嬉戏的笑声,只有一具具冰冷的动物的尸体。风"呼呼"地吹着,仿佛在为死去的动物悲吟。

夏的声音是多姿多彩的，我希望，欢乐能胜过愤怒，让明天的世界更美好！

邂逅

秋姑娘穿着那条金色的长裙，走在结冰的草地上，只给我们留下了一个颀长的背影……我和冬天有个约会，我和雪花也有个约会，我们没有说好时间和地点，总是不期而遇……

今年的冬天来得那么快，热水袋和暖手宝还没跟我打过招呼，雪，就降临在人间。

当我得知下雪时，已是在去往兴趣班的路上。走着走着，凉丝丝的小雪花落在我的书包上，渐渐地开始融化，变成了一颗小水珠。可慢慢地，雪越下越大，夹杂着一些小冰雹，刺骨的寒风把它们带到我的手心里——我仔细地端详起它们。如果你用心去看，那么你将会发现，雪花真的是六个瓣的，而且每一瓣都不一样，每一瓣都有自己的独特之处。

"梅须逊雪三分白，雪却输梅一段香。"可我并不认同这句诗，因为我闻过雪的味道，雪的香，是一种淡淡的清香，也许你觉得没有什么气味，可这种味道只有你用心去体会，才能感觉得到。

有人说雪是寒冷的，是无情的，可我却觉得雪是温暖的；有人说雪落到身上有一种透心凉的感觉，所以不喜欢雪花。可是，我觉得雪像是一个调皮的小精灵，它在我的手上跳舞，我很享受这个过程。

很快，雪停了。不过这第一场雪的到来，也就代表着冬天来了，这一次与雪的约会就这么结束了，我期待下一次与雪的相遇。

冬爷爷雪白的棉袄还是一如既往的重，冬爷爷的胡须还是那么密、那么多……我急切地盼望着与雪的下一次邂逅。

信任的魔法力量

——观《嗝嗝老师》有感

上个星期，我看了一部电影，名叫《嗝嗝老师》，这部电影给了我一个人生的启示。

这部电影主要讲述了一位患有妥瑞氏综合征的奈娜老师，她每次说话时都会"打嗝"，但她却用自己的一腔热情和对孩子们的那份爱，激励着一批又一批的孩子走向希望。

看完这部电影,我深有感触。里面令我印象最深的,就是奈娜老师和她那群"淘气""顽皮"的学生们被领进校长室,校长气得要开除他们,奈娜老师在那儿苦苦哀求的片段。对呀,那群令人讨厌的、从贫民窟里出来的差学生就是令人厌恶,不开除他们开除谁呀?用抛鸡蛋的方式来点名的老师真是不把课堂当一回事儿,这样的老师像老师吗?

可我并不这么认为,学生并不能用贫富来判断好坏,伟大的老师都是带着爱的,这种爱就是相信、支持和鼓励学生。就在大家想要把这群学生放弃,而学生也自暴自弃的时候,是奈娜老师帮助他们找回了自信,给了他们动力。他们的努力付出也是有回报的,在期末考那天,有一名学生考出了全年段第一的好成绩,她就是奈娜老师的学生。大家庆祝、欢呼,可在这时,一个打击人的消息传来了——他们是作弊的。因为考试前一天,9A班一名同学指使别人把假的答案给他们,诬蔑他们是作弊的。

这个晴天霹雳的消息一传来,大家显得愤愤不平,甚至不想再学下去了。奈娜老师一开始也很震惊,可她最后却又相信了她的学生们。老师信任学生,是给予学生的肯定。前者是放弃学生,后者是信任学生。在这么一种情况下,奈娜老师毫不犹豫地选择了后者,我真是没有想到。

正是奈娜老师的一片真情感动了另一位男老师，使他揭露了真相。

"没有差的学生，只有差的老师。""普通的老师是教书，优秀的老师是教做人，而伟大的老师是让学生明白教育的真谛。"这两句话都出于她的口中，我觉得她就是那位好老师，伟大的老师。

奈娜老师，使我联想到了我们课本里面的那篇文章《地震中的父与子》，那对了不起的父与子不就是互相信任，儿子才能获救的吗？父亲和儿子都坚信着这份默契：无论你在哪里，我们总在一起。课文中的父亲为了救出儿子，他没有放弃，他在废墟中挖了整整38个小时。而被困在废墟中的儿子，也没有自暴自弃，他还跟同学们说："只要我爸爸还活着，他就一定会来救我们的。"可想而知，当父亲和儿子相聚在一起的时候，我很感动，并且我由衷地祝愿这对了不起的父子永远幸福。

这部电影讲述了一个令我刻骨铭心的道理——信任，是给予一个人最大的肯定。

旭日东升

　　清晨，我还在做白日梦，就被一阵鸟叫声唤醒，"叽叽喳喳"，婉转动听的鸟叫声时不时在我耳畔响起。我看了一眼时钟，才凌晨4点半，我顿时没了睡意，一骨碌爬了起来，穿好衣服，快步走到阳台，想看看清晨的美景。

　　一阵清新的空气迎面扑来，我闻了闻那沁人心脾的花香，一身的轻松与那脸上藏不住的喜悦油然而生，早晨，一个美好的开始。我从阳台望下去，缀着露珠的花儿们纷纷朝我微笑，绿油油的小草也钻出地面，欣赏着清晨的美丽。

　　不久，我看到在遥远的天边，有一抹红色出现，隐隐约约地变多、变红、变亮了。这个太阳好像是一个害羞的小女孩儿，躲在大树旁，迟迟不肯露面。我等呀等，等了好久，它才慢吞吞地向我走来。慢慢地，半个太阳徐徐上升，照耀着大地。阳光透过树梢，透过房子，向我照射过来。他们说太阳的光是五彩的，可我觉得，太阳是红色的大火球，燃烧在天空中。过了一会儿，太阳整个儿都出来了，原本万籁俱寂的森林变得热闹了，原本死气沉沉的空气变得充满欢乐了。温暖的阳光照在我身上，早上的太阳不冷不热，像是给我准备的一个日光浴。我伸了个懒腰，惬意地打了个哈欠，望着眼前这幅和谐的景象，真可谓："东方已白，红日上升，流霞成彩，日光射入室中，鸟声渐少。"

一次壮观的旭日东升，让我领略到了其中别样的美，真让我回味无穷！

大雪

大雪即将来临，孩子们都盼望着那一天，也盼望着那一片白茫茫的雪，更盼望着雪给他们带来的无限乐趣。

大雪也是其中的一个孩子，他的脑袋里当然也充满着这些美好的遐想。他幻想着在大雪来临的那天，他能和同伴们一起打雪仗、堆雪人，享受着雪带来的"天伦之乐"。

大家盼星星、盼月亮，终于盼到了那一天。

窗外下起了鹅毛般的大雪，大雪透过窗户，看到了这美丽的景象，再也忍不住了，激动地跑下了楼，在广场上活蹦乱跳，像是给这场雪配上了一曲优美的华尔兹。

过了一会儿，四面八方的孩子都不约而同地汇聚到这个广场上。打雪仗开始了，大雪躲在自己搭的雪堡垒后面，用手抓起在草地上的一堆雪，将它团成一个雪球，"嗖"地向敌方扔去，对面的那个人来不及躲，还有些手足无措，被大雪的那个雪球砸得全身发冷，大声喊道："哎呀，是哪个人在我脸上涂了冻肤露！"引得旁人哈哈大笑。

正玩得开心，大雪突然喉咙里像是被什么东西卡住了，特别难受。在不远处就有一个垃圾桶，可大雪心想：我跑过去吐痰不就浪费了时间吗，还不如在没人看到的地方随便吐。刚想完，大雪就朝身旁的一摊雪上面吐了出去，喉咙一下子舒服了不少。

可他这一举动被他身旁的同学看到了，那位同学默默地用雪把痰给包了起来，随后扔进垃圾桶里。大雪知道了，心生惭愧，小声地对他说："我不应该随地吐痰的，谢谢你帮助我。"那位同学听了笑笑说："文明，乃是我们中国人应该做到的，可当别人没有做到的时候，就应该去帮助身边的同学，这也是应该的。"

大雪知错就改，当别人做出一些不文明的举动时，就去帮助别人，并让他们认识到自己的错误。

文明，是每个人必备的素养与道德，我们应该把它永久地传承下去，让世世代代的中国人都知道文明，都懂得文明，都学会文明！

原来春天一直都在我身边

时光飞逝，转眼就来到了4月。4月来了，也就表明春天来了。可是那一阵阵迎面扑来的花香消失了，那一缕缕温暖的阳光也不见了，取而代之的是那厚厚的棉袄。春天，你到哪里去了？

快要英语考试了，妈妈比我还焦虑，一天到晚催着我做课外试卷。可我又不是超人，哪有这么多的时间去做这些枯燥乏味的作业？

小孩子的心灵就只有玩才能释放灰色的情绪，岂有一天到晚做作业之理？

我像是屁股上抹了油似的，一坐下来就耐不住时间之长，心里总想着明天和同学玩什么。妈妈被我气得脸色发白、火冒三丈，开始了她的河东狮吼："你瞧瞧你，都成什么样了？整天就想着玩儿，看看人家甜米，每门功课都考100分，而你呢？"面对妈妈那愤怒的语气，我百感交集："甜米是别人家的孩子，她成绩好是她的事，我又不是不努力学习，你就不能多鼓励鼓励我吗？"

我和妈妈四目相对，谁也不让谁，关系变得十分紧张。

外面虽是春天，但风依然呼呼地吹着，天空似乎也被乌云蒙住了眼，一片灰蒙蒙。

我真不明白妈妈这样做到底是为什么，为了我好？我才不要这种讨厌的妈妈！

一天放学，我捧着一张试卷，一个鲜红的数字印在上面——90，我的心情真是低落到了极点：妈妈肯定又会臭骂我一顿，肯定会说甜米怎么怎么好。

我打开门，刚想说妈妈我错了，可迎接我的却是那一大袋零食，里面有巧克力、山楂片……样样都是我喜爱的零食，我本想说些什么，妈妈先开口道："我知道你这次考得不好，这是我买的零食，是给你吃的，我希望你以后能再仔细点儿，取得一个令我满意的成绩。"

话音刚落，她就把一大袋巧克力饼干递给了我。我不知道该说些什么、该做些什么，一时间还有些不知所措。妈妈走了，离开了我的房间，只留下一个长长的背影……

我愣在那里，拿着那包未开封的饼干，眼泪不禁夺眶而出。

原来妈妈是爱我的，只是没有用过多的语言表达出来而已。那包饼干被我紧紧地拿在手里，它是妈妈对我的爱，我……怎舍得把它给吃了……

外面的天慢慢暗了下来，春还迟迟未到，可是我的春天却早已住在了我的心里。